No.2じゃダメですか？

支える個性の活かし方

株式会社かたわら 代表取締役
佐藤彰悟

はじめに

この本を手に取ってくださってありがとうございます。

本書「ナンバー2じゃダメですか?」は、誰かを支えることを生業にした僕が、同じように周囲の幸せのために動いている同志達へ向けて贈るエールであり、誰かを支えることが得意な個性を持った人々がもっと社会に認められて欲しい!という思いを込めて書きました。堅苦しいことを語るつもりはありませんので、気楽にお付き合い頂けたら幸いです。

僕は今、「株式会社かたわら」という会社を経営しています。その名の通り、ナンバー2というポジションそのものを担う会社です。その代表取締役である僕は、全国の中小企業・地方自治体を中心に人事顧問として入り込み、中の方々と一緒に伴走しながら組織創りをしています。

北は北海道から南は九州まで、地域も業種も越境して約十社のクライアントと働いているのですが、改めて考えてみると僕らの仕事には共通点があります。それは、夢を持つ人を隣で支援することです。

ところで、最近SNSやネットメディアでよく流れてくる「主役」にならなければならない、というメッセージに僕はモヤモヤしています。

・起業しろ（副業しろ）
・ナンバーワンを目指せ
・好きなことで生きていく

こういったメッセージの影響か、求職者のキャリア面談や就活生と関わる場面でも、自分は何者でもないと相談されることが増えました。周囲と比べて自分は何も才能がない、SNSで見かけるキラキラした人達を見ると自分の将来が不安、仕事にできるような好きなことがない等、世の中に溢れる「何者か・主役にならなければならないという圧」に押し潰されそうな人が多いのではないでしょうか。

僕自身も、時折「もっと前面に出たらいいのに」だとか「バリバリ発信しないと勿体無いよ」といった言葉をかけられることがありました。良かれと思って伝えて下さっているのは理解しています。でも、そのたびに心の中で思い浮かぶ気持ちがありました。

「ナンバー2じゃダメですか？」

■世の中にはもっとナンバー2が必要だ

もちろん、自身のスキルを高めていく努力や個性を活かせる仕事に就くことは生きていく上で必要だと思います。

ただそれは自分が目立つことをしたり、SNSでフォロワーを増やしたり、好きなことを仕事にしなければならないということとは別ではないでしょうか。みんなが主役である必要はないし、陰ながら支えてくれる人達の存在なしに社会はまわりません。むしろ、主役じゃない人の方が圧倒的に多いはずだし、僕自身もどちらかというと裏方として人生を歩んできました。

この本は、これまで人生の大半をナンバー2という立ち位置で過ごしてきた僕の処世術を中心に、ナンバー2・支える個性の活かし方をまとめてみました。「ひとりで勝つ」のではなく「みんなで勝つ」ための、自分と周囲の人達を幸せにする意識と行動の秘訣です。

・「何者かに、主役になれ」という圧に悩んでいる方
・これから社会に出る学生や新社会人の方
・誰かを支えることに生きがいを感じる方
・今まさにナンバー2、裏方として活躍中の方

・今後ナンバー2を仕事にして生きていきたい方

そういった皆さんに読んで頂けたら嬉しいです。

これからの時代の組織創りでは、ひとりのトップやスーパープレイヤーが物事を決めていくのではなく、様々な人達が互いの個性を理解し合い、相互に補い合って共通の目標を目指していくことが大切だと僕は思います。

世の中にはもっとナンバー2が必要だし、ナンバー2であることをもっと誇っていい。ナンバー2そのものを仕事にした僕から、同じ想いを持つ同志へ、エールを贈ります。

株式会社かたわら代表取締役
佐藤 彰悟

目次

第2章

信頼されるナンバー2の十カ条……45

第3章

できるナンバー2の仕事術……103

第4章 ナンバー2の武器となるコミュニケーション術

第5章 組織と自分を守るナンバー2のリスク回避術……221

第6章 組織も自分も幸せになれるナンバー2へ……269

第1章

素敵な組織にはNo.2がいるんです！

業績は好調、離職率も低く、
何よりメンバーが幸せそうに働いている。
そんな素敵な組織には、決まってトップを力強く支える
No.2の存在がありました。

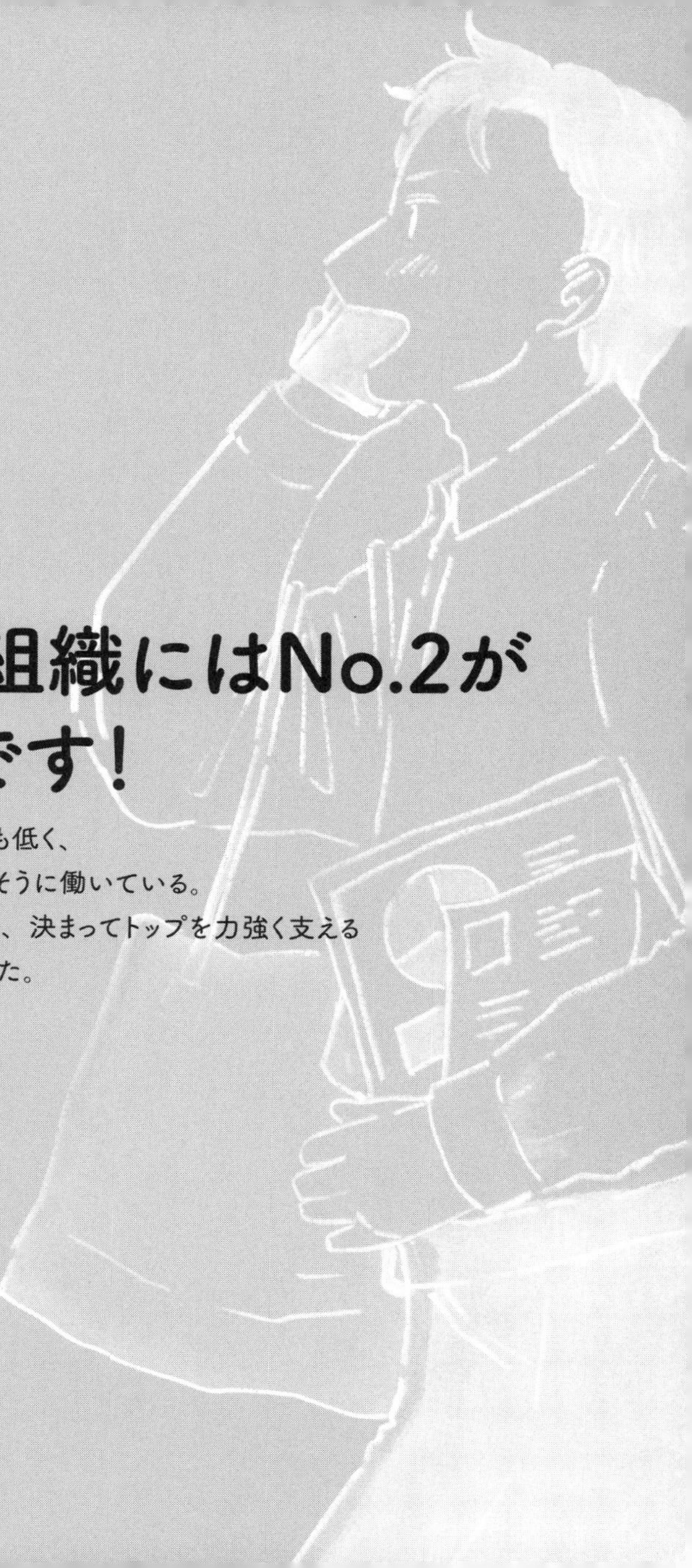

ナンバー2の存在がビジョンの価値を高める

■ナンバー2はトップの分身

社会人になりたての頃を振り返ると、メンバーとして見ていた経営者は雲の上の存在で、絶対的な権力者。悩みなんてなく毎日楽しいだろうなと勝手に思っていました。ですが、距離が近づくにつれて見えてきたのは、想像していた楽しさとは程遠いヒリヒリするプレッシャーや、孤独と戦い続ける姿でした。経営者は内にも外にも自身の弱さを見せられず、本心を話せません。従業員とその家族の生活、いわばたくさんの命を抱え、自身も大きなリスクを背負って事業に臨んでいます。

そんな経営者にとってナンバー2は貴重な存在です。同じ視座に立ち、同じ風景を見て、同じ情報を持ってメンバーと接します。その場に経営者がいなくても、その意志を同じ言葉で、時にはメンバーにわかるように翻訳して伝える存在です。ナンバー2が機能していれば事業推進のスピードは加速し、組織はより強固なものになります。

一方で、ナンバー2であれば誰もが直面する悩みもあります。それはメンバーから「トップのスパイ」、「トップの熱烈な信奉者」だと思われること。僕自身かつて何度もそれで孤立した経験があります。ナンバー2はトップの分身ではありますが、スパイでも信奉者でもないのです。

■ナンバー2がビジョンを実現させる事業と組織を創る

ナンバー2は何のために存在しているのか。決して「トップのため」ではありません。ビジョンを実現させる事業と組織を創る。それがナンバー2の存在意義です。そのため、結果的に組織で最も影響力がある経営者と接し、支援する場面が多くなるのですが、その指示を全て鵜呑みにして実行するわけではありません。

例えば、経営者が「採用したい」と人を連れてきたとしても、ビジョンの実現に寄与しない、またはマイナスの影響を発揮すると判断したら直言します。当然、経営者からすれば面白くないでしょう。僕自身もそれで何度もトップと衝突したことがありました。「もう辞めてしまえ！」と言われたこともあります。

それでも、ナンバー2は経営者や幹部、メンバーの判断がビジョンの実現とかけ離れていると思うのであれば指示や意見具申を辞めてはいけません。ナンバー2が経営者にとってビジョンを実現する「もう一人の自分」となれているならば、それは結果的に経営者自身を、組織を救うことに繋がるためです。

■ナンバー2の一貫した姿勢が仲間を増やす

ナンバー2がビジョン実現にこだわり続けると、もう一つ、組織にとって良い影響が生まれます。ビジョンの価値が高まり、メンバーがよりコミットしてくれるようになるのです。

皆さんの会社や組織に理念やビジョンはありますか。もしあったとして、みんなが理念やビジョンを何も見ずに暗唱し、その本質的な意味を語れますか。理念やビジョン、またはバリュー（行動規範）のようなものは多くの企業が設定していますが、「絵に描いた餅」になっているケースにもよく出会います。なぜ、そうなってしまったのでしょうか。

その理由は大きく三つあるように感じています。

一つ目は、組織内の日常的な会話にビジョンの言葉がでてこないこと。

どんなに素敵な理念やビジョンも額に入れて飾ってあるだけでは意味がありません。仲間同士での普段の会話で自然と言葉として出てきたり、ビジョンに沿った行動が日常的に褒められたりしないと、なかなかカルチャーとして根付きません。

二つ目は、ビジョンに反する行動が見過ごされていること。

例えば「時間を守る」というバリューがあったとして、会議に数分遅れた人がいた時に本人が謝らず、誰もそのことに触れなかったとしましょう。すると次から他の人も会議に遅れるようになります。やがて、最初は数分だったものが十分、三十分と大きくなり、社内の会議だったものが最終的には顧客との商談にまで遅れるようになってしまいます。指摘されないということは許可されたと認識してしまうからです。一度起きたその誤認は伝染病のようにあっという間に広がっていきます。

最後に、最も良くないのはトップ自らがビジョンを守っていないこと。ビジョンに思いを込めた当の本人がビジョンに沿った言動をしていない。そんな組織は意外と多いように感じています。トップだけではなく、幹部・上司層にも言えることで、上司が守っていないのにメンバーがビジョンを守ろうと思うわけがないですよね。

まずは影響力が強い人から背中を見せる。ナンバー2がトップと共にビジョンの実現にこだわり続け、軸をもって言動し、物事を判断し続ければ、メンバーにもビジョンが浸透します。ビジョンは経営者の想いや価値観の表れでもあるので、結果として経営者と同じ視点・価値観で行動できる「分身」のようなメンバーが増え、事業と組織はより良い方向へ進んでいくでしょう。

ナンバー2はトップの分身的存在ではありますがイコールではありません。全ての判断は「ビジョンの実現にプラスかマイナスか」を軸に行ない、トップに対してもメンバーに対しても一貫したスタンスであることが大切です。そうすることでビジョンは輝きを増し、メンバーにも浸透していきます。

端的な指示に心躍る魔法をかけるのがナンバー2

■トップからの指示は大抵現場にとって迷惑だ

「なんで今更こんなことを指示してくるの？」

「昨日と言っていることが違う！」

「いや、確認してＯＫって言っていたのに変えないでよ！」

今日もどこかの現場からこんな悲鳴が聞こえてきます。

朝令暮改《ちょうれいぼかい》。朝一の命令が夕方に変わっている。誰しも一度はそんな場面に遭遇したことがあるのではないでしょうか。


僕は元々面倒くさいことが嫌いな性格です。とくに、仕事をする上で「当日に起こるトラブル」が最も面倒くさいと思っているため、全ての締切を三日〜一週間程度前倒すほど徹底的に準備しています。

そんな僕にとって、一度確認したことを直前になって覆されたり、予定していなかった指示を突然言いだされたりするのは、ものすごくストレスがかかる嫌なこと。一人のスタッフとして現場で働いていた頃は、トップが顔を出すたびにイレギュラーな指示が入るのでイライラが収まらず、胃に穴が開きそうになったこともありました。

今はナンバー2としてトップのそばで働いているので、より頻繁に突然の指示や方針転換に直面します。では更に辛い目に遭っているのかというと、少し捉え方が変わりました。と言うのも、様々な経営者のそばで仕事をしていると「仕事のできるトップほど朝令暮改が多い」と感じるからです。

■視点・視座の違いがハレーションを生む

現場で働いていた頃は、一度決めたことをあっさりとひっくり返し、昨日と今日で違うことを言い出す経営者に対して「なんて意地悪なんだ」「嫌がらせをして楽しんでいるんじゃないか」「約束を守らないなんて最低だ」と軽蔑に近い感情を持っていたような気もします。

では、この経営者は本当に意地悪で、性格が悪く、嘘つきなのでしょうか。

実際に経営者の隣にいて感じるのは全く逆の想い。朝令暮改の背景にあるのは「まだやれることを見つけた」「状況の変化に対応したい」といった、もっと会社を良くしたい、お客様により良い価値を提供したいという純粋な気持ちです。

・現場に足を運んでみたら改善点に気付いた
・昨日はなかった良いアイデアが降ってきた
・競合や市場に変化があったので自社の方針も変更したい

全ては事業の成長のため、ビジョン実現のために最善の行動をとっているに過ぎなくて、ある意味、メンバーみんなの幸せにも繋がる行動でもあります。むしろ、もっと良くなる可能性があるのにやらない、他社や市場に動きがあったのに一度決めたからといって方針を変更しない経営者をどう思いますか。

このように、現場とトップとの間でのハレーション（周囲の人や仕事に悪影響を与える状態）は持っている情報量や見えている視野の広さの違いによって起きていることが多いのです。ただし、現場のメンバーがトップと同じ情報量・視野の広さを持つことは現実的に難しいというのもまた事実。だからこそトップに近い距離にいるナンバー2が、トップの考えや価値観を受け止めることがとても大切なのです。

■端的な指示に心躍る魔法をかけるのがナンバー2の役割

現場のメンバーがトップに対して不満を持っている時に間に入り、トップの考えをわかりやすくポジティブに翻訳して伝え、現場のパフォーマンスが下がらないようにする。それができる組織とできない組織では、トップにかかる労力や現場の生産性が大きく変わります。

また、組織の中で最も影響力があるのと同時に、最も忙しいのがトップです。スケジュールは分刻み、様々な案件の処理・決断を同時進行で進めなくてはならない都合上、部下への指示が削ぎ落とされてシンプルになりがちです。かつての自分は「アレやっておいて」「いつまで?」「やり直し」といったトップからの主語のないコミュニケーションが本当に苦手でしたが、トップの激務ぶりが直接見えるポジションになればなるほど、「そりゃあ無理だよな」と理解できるようになりました。

ただ、慣れている幹部層ならともかく、トップの考えや視座が見えていない現場にこのような端的な指示が直接落ちると、受け止めた担当者が独自の解釈をしてアクションがズレてしまったり、文字上でのやり取りを冷たく感じてしまい精神的に病んでしまったり、現場が混乱してしまうケースがあります。

そんな時にナンバー2が間に入り、トップの本意を捉えつつもメンバーがやる気になるような言葉を加えて伝える役割を担えると、現場のパフォーマンスを上げられます。

トップからの「やり直し」という言葉をそのまま伝えるのではなく、「○○の部分は良かったしナイスチャレンジだけど、○○についてはどうかな。まだいけるよ、お客様のためにできることをもう一回考えてみよう」といった風に、端的な指示に感情を加えて心躍る言葉に仕立てる。そんな魔法をかけられるナンバー2が組織には必要です。

「昨日と今日で言っていることが違う!」一見、迷惑なトップの朝令暮改。でもその言動の裏に隠れているのはただの気まぐれではなく、もっと会社を良くしたいという純粋な気持ち。その想いを誰よりも理解し、メンバーが受け止められるように変換して伝えるのがナンバー2の役割です。

ナンバー2は組織のブランドを守る守護神

■たった一人、一つの行動が会社の存続を左右する時代

・難航していた○○プロジェクトがようやくリリースできる
・アイドルの○○さんがうちのホテルにいる!
・ゴミ箱から取り出した魚を使って調理してみた

その瞬間、誰かに言いたかった、見せたかったのかもしれません。しかし、それを実際にSNSに書いて発信するとどうなってしまうでしょうか。機密漏洩、個人情報漏洩、信用の失墜。これらはいずれも従業員による投稿がきっかけで起きたSNS炎上の実例です。たった一人の個人的な投稿がきっかけで会社全体の信頼が失墜し、経営や広報はメディア対応に忙殺され、多額の売上損失や損害賠償にまで発展してしまったケースはこれまでいくつもありますよね。

こういった従業員による不適切発言が起きてしまうのは、投稿者のモラルや情報リテラ

シーが欠けていること、想像力の欠如が主な原因だと言われていますが、深刻なのはどんなに大きな会社でも「たった一人、一つの行動によって会社の存続が左右される時代になった」という事実です。

誰もがスマートフォンから気軽に情報発信ができてしまう今、集客や販促にとって大きな武器であると同時に大きなリスクにもなり得る。これからの組織運営をしていく上で、ナンバー2は自身の発言を律することはもちろん、組織全体としてもリスクを起こさないようにする必要があります。

実際、各企業では就業規則にSNS利用に関する規定を加えたり、SNSの利用自体を禁止にしたり、場合によっては従業員個人のSNS投稿をモニタリングしたりと様々な対策をとっています。ただ、規則で縛ったり監視をしたりしても、根本的なリスク回避策にはなっていないのではないでしょうか。これからの時代は経営と現場の両面に精通したナンバー2が、いかに主導して組織を守っていけるかが事業を進める上で鍵になっていくと僕は思います。

■経営と現場の実情を知るナンバー2が組織を守る

SNS利用時の注意点やどんなリスクがあるのかを研修などで周知し、メンバーに最低限の知識を身につけてもらうことは大切です。ただ、それだけでは本質的な課題解決にはなりません。

組織を守るために大切なこととは「採用」と「組織創り」に尽きる。僕はそう思います。

ＳＮＳで不適切投稿をしてしまう人は、知らなかったというよりも、そもそものモラルが低かったり想像力が欠如していたり、行き過ぎた自己承認欲求の強さを抱えているのではないかと僕は感じます。どんなに規則やルールで縛り、教育を行なったとしても、そもそも守る気がない・守れない人が組織内に存在していてはどうしようもありません。

だからこそ、入口となる採用活動がとても大切です。どういったメッセージで母集団を惹きつけ、どんな選考手法・基準で自社にマッチする人を見極めるか。スキル面はもちろん、人物面の見極めと共に社風や価値観とのマッチングも確認が必要です。

この時、採用に関わる人が「経営寄り」過ぎると実績と経験は良いが現場にハマらない人を採用してしまうことになり、「現場寄り」すぎると今のメンバーを基準に採用してしまい自社の成長に繋がらないというリスクが起きます。そのため、採用活動の立ち上げと基準設定まではナンバー2ポジションが積極的に関与した方が、経営と現場のバランスがとりやすくなるかと思います。

■守らせるのではなく守りたくなる組織を内から創る

入口である採用をしっかり固めたとして、もう一つ大切なのは「組織創り」。というのも、従業員のＳＮＳ発信による炎上リスクは、従業員個人の不適切発言だけではないからです。

・育児休暇を取ったら復帰後に異動させられた

・タイムカードを切るよう指示をされてから残業をさせられた
・人事考課で評価を下げられたのに上司からまともなフィードバックがない

これらは情報漏洩や個人のモラルの問題ではなく、会社の体制や待遇、従業員に向き合う姿勢に対する不平不満ですが、こういった内容がSNSに投稿されて拡散・炎上するケースもあります。

もちろん会社の内情をSNSに投稿すること自体は決して良いことではありませんが、そもそも会社が最低限守るべき法律を守っていなかったり、給与や評価など従業員にとって人生を左右する要素が不透明だったりすると、不満が爆発しSNSに投稿したくなる場合もあるでしょう。仮にそんな状態の会社が従業員にルールを守れと「教育」したとしても、みんな守ろうとしません。

まずは法的にNGな事象の改善はもちろん、給与や待遇面の見直し、福利厚生の強化を行なうなど、大切な仲間であるメンバーが働きやすい環境を創っていき、会社への好感や愛着を持ってもらえるようにすることが大切だと思います。

また、評価制度や福利厚生などは「自社がどんな価値観の会社なのか」をわかりやすく見える化する要素でもあるので、これらの見直しを通じて社内に社風・価値観の浸透をはかるのもおすすめです。その時にナンバー2がトップとメンバーとの間で意思疎通をしながら指揮をとり、採用と組織創りをうまく進めていくことで、会社に一体感や帰属意識が生まれ、不平不満が減って離職率も自然と下がります。わざわざ規則やルールを作って守らせることをしなくても、みんなが守りたいと主体的に動いてくれる組織へと生まれ変わっていくでしょう。ナンバー２は組織にとってブランドと仲間を守る守護神と言える大切なポジションです。

誰もが自由に情報発信できる今、従業員によるＳＮＳ等での機密漏洩事件は後を絶ちません。それは個人だけじゃなく組織の存続にも関わる大きなリスクです。そこでナンバー2に求められるのはルールで縛ることではなく、入口である採用での見極めと共にみんなが主体的に「守りたくなる」組織創りです。

できるナンバー2は「物差し」と「まつり」で一体感を創る

■組織で起こる不具合の大半は未知への恐怖から

組織創りのお手伝いをしていると、様々な人間関係のトラブルを目の当たりにします。

・社長の考え方が理解できない
・上司に何を提案しても通らない
・なんであの人が評価されて自分はされないのか
・隣の部署は残業ないのにうちの部署は残業ばかりで不公平だ
・最近の若者はわからないことを相談しに来ないので扱いに困る

心理学の三大巨頭と言われるアルフレッド・アドラーも、かつて「すべての悩みは対人関係の課題である」と言っていたように、組織の中で起こる課題の大半は対人関係に起因しています。

さらに、人事顧問として組織の内側に入り込んで経営者からメンバーまで幅広く一対一で関わり、斜め上の存在として個別にお話をさせて頂く中で感じることがあります。それは、組織内で実際に起きているこれらの対人関係トラブルが、ほぼ全て「未知の恐怖」に起因しているということです。

「何を考えているかわからない」

「あの人はなぜ自分をわかってくれないのか」

「あの人はきっとそう思っているはずだ」

このように、相手の本当の気持ちを確認することなく勝手に期待し、裏切られたと怒る。こういったお互いのことをよく知らないが故に起こる対人関係の不具合を放っておくと、コミュニケーション不和から行き違いによるミスが増え、組織内に疑心暗鬼が蔓延し、離職率が高まり、やがて現場が回らなくなって最悪は事業が破綻しかねません。

■解決のキーワードは「共通体験」と「共通言語」

このような対人関係のトラブルはどのようにして解消していけばいいのでしょうか。

キーワードは「共通体験」と「共通言語」です。同じ出身地、同じ学校、同じ趣味など、相手と同じ体験を持っていることを「共通体験」。同じ世代、同じ方言、同じ趣味仲間同士など、知っている人同士や身内でだけ使う言葉を「共通言語」と言います。これらは一緒にキャンプや合宿に行く、一緒のプロジェクトで苦労を分かち合う、同じ会社での理念やバリューのように、後から生まれた経験でも成立します。人は「自分と同じ」共通項を持つ人には心を開きやすいところがあるため、組織創りをする上では大切な要素だと思います。

僕自身も人見知りなところがあり、初めて会う方とお話しするのが結構緊張するのですが、そんな時お相手との間に「共通体験」か「共通言語」が見つかるとそこで一気に打ち解けられるので、最初の自己紹介で出身地やキャリア、趣味などの情報提供を行ない、お互いに共通項を探しやすくするようにしています。

実際、仕事上でのコミュニケーションだけでは、業務連絡や指示・報告など、お互い必要な時しか話さないため、相手の本来の人となりや趣味などプライベートな情報を知ることがありませんよね。結果として一日の三分の一以上を共に過ごしているのにも関わらず「よく知らない人達同士」となり、互いに勝手に期待し合い、裏切られたと落胆する負のループが起こってしまうんだと思います。

まずは「互いを知る」。そこから共通体験と共通言語を見出すことが良い関係性を築く第一歩です。

■「物差し」と「まつり」で一体感を創る

組織内での相互理解を深めて「未知の恐怖」を減らし、個々の解釈と捉え方のズレをなくしていくこと。それが対人関係トラブルをなくす秘訣です。そこでナンバー2が組織を創っていく上で担うべき役割とは「物差し」と「まつり」を創ることです。

「物差し」とは、組織内にいるみんなが共通で認識している「定義」や「目標」といった定量的な軸・物事の判断基準になる要素を指します。

例えば、中期経営計画や部門目標。これらは「一定の期間内に目指すべきゴール」を言語化した道標です。また、評価制度は社内でのあらゆる言動や行動において「評価されること・されないこと」を明文化した基準となります。福利厚生や各種の社内制度を表す物差しと言えますね。

一方「まつり」とは、組織内にいるみんなが共通で認識している「私達らしさ」や「社風」といった定性的な軸・共通感覚となる要素を指します。

そして、理念やビジョン、バリューやパーパス。これらは価値観を言語化することによって「私達らしさ」を共通感覚として根付かせるのに役立ちます。また、朝礼や終礼、月次の全社集会や決算時のパーティといったイベント・催し物も社風を表現する要素となります。

こうした「物差しとまつり」をナンバー2がうまくデザインし、組織内に実装していくことによって社員個々の背景や個性、趣味などに左右されることなく「共通体験・共通言語」を創ることができます。さらに、評価されること・されないこと・私達らしさといった軸が立つので、仕事をしていく上での言動・行動でメンバー間での解釈や捉え方のズレが発生しにくくなり、組織全体に一体感が生まれていきます。組織全体が一丸となって仕事に臨めば、業績もプラスに転じていきます。

組織の中で起こる課題の大半は「対人関係」によるもので、そのきっかけは大抵「未知の恐怖」から。ナンバー2に必要なのは「共通体験・言語」を起点に相互理解を促して未知の恐怖を解消する工夫。みんなの基準となる「物差し」と、「らしさ」を見える化する「まつり」をデザインして、組織の一体感を生みだすことです。

儲からない仲良し組織はナンバー2の動き次第で生まれ変わる

■離職率は低いが成果が出ない組織の共通点

組織創りの仕事をしていると、様々な経営者とお話しする機会があります。

その際に受ける相談で最近増えてきているのが「メンバーみんな仲が良いのに業績が伸びなくて」というもの。離職率が高く、採用活動を常時しなくてはならず困っている企業が多い中、離職率は低くて人が定着している。それなのに、業績が良くないとはどういうことでしょうか。

相談してくれた経営者に「組織創りで意識していることはありますか」と聞いてみると、出てくるキーワードに共通点があります。

・のびのび
・自由に
・主体性

メンバーの個性を尊重し、自立自走型で、ストレスなく働きやすい環境を創る。この考え方自体は僕も大賛成ですし、そういう考え方をする経営者が増えてきていることも素晴らしいと感じます。

しかし、最近そういった「心理的安全性」を重視した組織創りをする上で、「二つの大きな問題」が見落とされているようにも感じています。

まず適切な仕事の基準設定ができていないこと。

自由に意見したり行動できたりする環境を目指す理由は、あくまで「失敗を恐れず挑戦できる」組織にするため。しかし、求める仕事や成果のレベルを高く設定できていない可能性があります。どんなに風通しの良い組織でも、どれくらいの仕事が求められているか明確に伝わっていなければ、挑戦の方向が間違っていても軌道修正することができず成果につながりません。

次に、メンバーに自由を享受できる資格がないこと。資格がない、と厳しい言い方になりますが、「自由」を享受するためには必ず「責任」が伴うのが現実です。

メンバーみんなが受身体質で指示されたこと以上の仕事をしない状況であれば、「自由にしていいよ」という環境を突然与えたところで、指示がなくてかえって混乱するか、現状維持で同じことを繰り返し「楽をしよう」とするだけです。

結果的に業績が悪化すると、経営側がより強くプレッシャーをかけざるを得なくなります。するとメンバー達が「うちの会社は心理的安全性が無くなった」と感じ、離職率が高まり、悪評が広がり、採用がままならなくなり、ますます業績が下がるという最悪のループに入っていきます。

■起こる全てを「自分事」と思える人をいかに増やすか

どちらの問題に対しても必要になるのが「自分事というマインド」です。

病気や事故、人間関係のいざこざなど、誰しも自分に降りかかるリスクに対しては真剣に解決しようと取り組みます。ですが、自分ではなく家族の場合はどうでしょうか。同僚、上司、会社の場合はどうでしょうか。同じ熱量を費やせるかどうかは人によって異なります。組織の最大パフォーマンスは、自社・自チームのメンバーがどれだけ組織の中で起ることを自分事として捉えて真剣に行動できるかで決まります。だからこそ、ナンバー2はメンバーに「自分事の範囲」を広げる気付きを与える必要があります。

自分事として考えられる範囲の広さは人によって異なります。ですが、「捉え方次第」だと僕は思います。

- 地球温暖化をそのまま放置し続けたらどうなるか
- 誰ひとり選挙に行かなかったらどうなるか
- みんなが自分のやりたい仕事しかしなくなったらどうなるか

どのケースもいずれは自分自身が生きていけなくなることに繋がります。地球レベルの課題も、国レベルの課題も、社会レベルの課題も、全てはまわりまわって自分事です。それなら、自分との距離が近い、会社やチーム、上司や同僚に起きている問題はどうでしょうか。割と早い段階で自分に降りかかってくるはずです。

こういった想像力をメンバーそれぞれが持てば、互いに支え合うことができ、結果的に自分が困った時にも助けてもらえる。つまり一人一人が抱える不安や負担が減る。社会は支え合いでできているという、一見当たり前のことを、メンバーとの日々のコミュニケーションを通じて伝えていく。これをトップに代わって行なうことがナンバー2の役割だと思います。

■自らの成功・失敗体験が当事者意識と成長に繋がる

とはいえ、いきなり全メンバーが会社で起こる全ての出来事を「自分事」として捉えるのは実際無理があります。なので、まずは「ひとまわりでも」自分事の範囲が広がるようにきっかけづくりをしていきましょう。話すだけじゃなく、ナンバー2が自ら現場で一緒に取り組んで背中を見せるのも良いと思います。

自分のことだけ考えていた人が、同僚にも目を向けるようになる。同僚までは気遣いしていた人が、上司も助けるようになる。自部署のことに一生懸命だった人が、他部署ともコミュニケーションするようになる。みんなにとっての自分事の範囲が少しずつでも広がることで、組織内でのコミュニケーション量に大きな変化が表れるはずです。

自分事の範囲を広げてみると、これまで「やったことのない出来事」に向き合う回数が自然と増えます。結果、組織に属する人材のレベルは一気に引き上がっていきます。人は他人に何を言われても、自己啓発本を読んでも、自身の体験に勝る気付きは得られません。自らの成功・失敗体験は最も成長要因になるからです。

加えて、他の人や他部署の仕事に関わり「役割」を広げてみることで、今まで見えていなかった他者の視点に気付き、相互理解にも繋がります。相互理解は円滑な人間関係を生み、やがて心理的安全性の高い組織環境へと生まれ変わっていきます。

今まで「他人事」だと思っていたことを「自分事」だと捉えられるメンバーが増え、その範囲が徐々に広がり、会社・チーム・個人が向き合う仕事と成果の基準を高く設定した上で、心理的安全性の高い環境を創る。いずれ成果が生まれ、会社全体の業績向上にも繋がっていくでしょう。

心理的安全性は業績へと繋げてはじめて会社として取り組む意味があると思います。そのためにまずはナンバー2が「機会」と「役割」を活かしてメンバーの自分事マインドを創っていくのが大切です。

仲が良いのに業績が悪い組織には二つの共通点があります。それは仕事の基準が低く馴れ合いになっていることと、メンバーが自立していないこと。これらを解消するためにナンバー2は社会という支え合いの仕組みを伝え、自らの行動でも示すことでメンバーの自分事マインドを醸成していくことが大切です。

謙虚さとバランス感覚はナンバー2の必須要件

■ナンバー2が「預言者」になると悲劇が起こる

ナンバー2は経営者と現場を繋ぐ「翻訳家」兼「実務家」の役割を担う大切な存在。経営者にとって最大の理解者であり、代弁者でもあるナンバー2はある意味「トップの分身」とも言えます。

組織内でナンバー2がうまく機能すれば、その分経営者は自身にしかできない仕事に集中できるようになり、資金調達や情報発信・人脈形成・トップ自ら営業に動くなど組織の未来に繋がる可能性が広がります。

ただし、そこでナンバー2が気をつけたいのは、自身が持つ影響力の大きさを理解し、常に自制的に振る舞えるかどうかです。

実際現場において経営者不在の際に指揮・決裁を担うのはナンバー2の役割であるため、その影響力は自然と大きくなっていきます。経営者の代わりにメンバーに指示を出し、メンバーも経営者ならどう考えるかをナンバー2に確認する。その状況が現場で常態化していくといつの間にかメンバーから「神の代弁者」かのように見られ、ナンバー2の言うことが絶対的な権威を持つに至る可能性があります。

もしその時ナンバー2自身が勘違いをし、自分の利益や虚栄心・承認欲求を満たすために預言者のように「神（経営者）の言葉」を騙るようになったら……。経営者の知らないところで「経営者の言葉」が一人歩きし出し、経営者が望んでいない指示で事業とメンバーが動き、内外に誤った認識をもたらすなど、組織のガバナンスは崩壊していきます。

■ナンバー2に必要な謙虚さとバランス感覚

ナンバー2人材には自身がプレイヤーとしても長けていることと、物事を整理しわかりやすく伝える言語化能力が求められるのですが、それに加えて資質面でも同じくらい大切な要素があります。

それは謙虚さとバランス感覚。前述した通り、ナンバー2はその役割から必然的に組織に対して大きな影響力を持つことになるため、常に謙虚であることが求められます。そして、経営側に寄りすぎず、現場の視点にも立ちつつ、顧客や関連取引先の立場も理解した上で意見具申や判断できるバランス感覚を持っていることも大切です。

実は僕自身、過去にこの謙虚さとバランス感覚を欠いて大失敗したことがあります。

二十代の頃、社長直下で広告宣伝・広報部署の責任者を務めていた際、他部署や外部の取引先と一緒に仕事を進めていく場面も多かったのですが、自分が若くして管理職に登用されたこともあり、周りの部署の管理職はみんな歳上の先輩で何かをお願いしても後回しにされたり、商談などで取引先の幹部クラスが来訪した際も「責任者の方を出してもらえますか」と下に見られたり、ある意味「なめられる」ことに苦労していました。

そんな状況下でも仕事は予算内かつ納期通り進めなくてはいけません。ある時、追い詰められた僕は「社長がこう言っている」と社長の名前を勝手に騙って、自身の言いたいことを伝えてしまったのです。正直、苦し紛れだったと思います。それでも社長の名前の威力は強力でした。周囲の管理職も取引先もみんな素直に言うことを聞き動いてくれる結果を目の当たりにした僕は「これは使える」と勘違いしてしまったのです。

自分自身に権力があるわけでもないのに、通したいことを社長の名前を使って強引にねじ伏せていくことが常態化。その力の源泉でもある社長に気に入られ続けるために、現場や取引先の事情をわかっていても、一切考慮することなく社長の指示を忠実に実行するようになっていきました。まさに「虎の威を借る狐」状態。当然そんな状態が長く続くことはありません。

ある日、僕が「社長がこう言っている」と強引に通した件を他部署の管理職が社長に直接確認し、「そんなこと言った覚えはないぞ！」と社長の名前を騙ったことが露呈。強く叱責と処分を受け、信頼を失うに至りました。

信頼を積み上げるのには多大な時間がかかりますが、失うのは一瞬。その日を境にトップからも周囲からも信頼を失い、一切の権限を取り上げられ、再び取り戻すまでに約二年もの時間を要しました。ナンバー2は自身の持つ言葉や影響力に対し、常に自制的かつバランスを意識することが大切です。

■現場重視から、全体最適に繋げる

ナンバー2がトップの分身として現場を指揮する際にもう一つ大切なポイントがあります。それは「経営の視座を現場に反映する」こと。

自制的かつ謙虚にメンバーと向き合うことを意識して仕事に臨んでいるナンバー2の中には、逆に「現場重視」になり過ぎてしまう人がいます。経営者からは見えにくい現場の実情や生の声と触れる機会が多いナンバー2は、現場をもっと働きやすい環境にしたい、メンバーの不満を解消してあげたいという想いが強くなっていきがちです。その想い自体は否定されるものではなく素敵なことなのですが、そこで気をつけたいのは「時間軸と視座」です。

一つ、よくあるケースを挙げてみます。とある部署のメンバーから「人が足りません」と悩みを打ち明けられたとします。実際に現場でその部署の状況を見てみると、確かにギリギリでメンバーも大変そうです。では「じゃあ、新しい人を採用するね」と決断して良いのでしょうか。

確かに「一つの部署の今の状況」としては人が足りていないのかもしれません。ただ、その課題が起きている本質的な理由は何でしょうか。

・メンバー個々の得手が上手く発揮できていない
・単純作業を仕組み化できておらず生産性が低い
・人間関係の問題があり連携がうまくいっていない

こういった、人を増やす以前に解決すべき課題がある可能性は考えられないでしょうか。また、他の部署も含めて全体を俯瞰して見てみると、部署ごとに業務量に偏りがあったり、時間帯によっては他部署からヘルプでカバーできたりと、新規採用しなくても社内異動で事足りる可能性もあります。

さらに、経営の視点で見た時には今後新しい事業や拠点展開を考えており、当該部署は縮小させていく予定であるとか、メンバーの成長を期待してあえて主体的な課題解決を促したいと思っているなど、様々なケースが考えられます。

つまり、現場のメンバーが日々感じる不満や見ている視点は今、自分達の「目の前で起きていること」に対するものであり、それは大抵「短期的」で「自分達だけの事情」である可能性が高いと留意する必要があるのです。

現場に寄り添うのも大切ですが、ナンバー2が果たすべき役割はメンバーと一緒になって現場に埋没することではありません。経営と現場両方の視点を活かして、短期と中長期のバランス・一部ではなく全体最適を鑑みた上で判断してあげることだと思います。
トップが自身の仕事に集中できる環境を創り、現場にトップの意志と視座を反映すること。その役割を「トップの分身」として担うナンバー2がいる組織は強いなと感じます。

ナンバー2の資質として必須なのは「謙虚さとバランス感覚」。自身の影響力の大きさを自覚して、常に自制的であること。同時に現場に寄りすぎることもなく、経営の視座を現場が理解できるように翻訳して反映することで、トップが自分にしかできない仕事に集中できる環境を生み出せます。

第2章

信頼される No.2の10カ条

No.2はトップと現場をつなぐ重要なポジション。
人望が厚いNo.2には日頃から大切にしている
行動習慣があります。

ニーズや課題に飛びつく前に正しい現状を押さえる

■トップの現状認識はズレやすい

ナンバー2の日常はトップからの無茶振りといつも隣り合わせです。

「もっと○○した方がいい」

「新しく○○を始めよう」

「○○の資料はまだ上がってこないのか」

思いついたタイミングで次々と指示が飛んでくるので、自分の仕事の予定やペースが乱されることは日常茶飯事。普段からイレギュラーを見込んでのスケジュール設定が大切です。

もし、ナンバー2が忙し過ぎて余裕がなくなっていると、組織にとっても大きなリスクに繋がります。忙しさに飲み込まれていくと一つ一つの仕事に対して考える時間を取れず、次第に作業的かつ受け身になっていき、トップからの指示に対しても思考を入れることなく全てを鵜呑みにして進めてしまいがちになります。

その結果、現場に必要ない労力を課したり、何かしらのトラブルに発展したり、自分自身が無駄な動きをして、その対応にますます時間を奪われる。そんな負の連鎖に陥った経験が、僕自身これまで何度もあります。

無茶振りだらけの状況になりやすい理由は、トップが「組織内に対して」何かしらの決断をする際の現状認識はズレやすい傾向があるからです。

経験がある方もいるかもしれませんが、新入社員と中堅と経営者では、それぞれ見える世界が違います。新入社員が目の前のことで精一杯で短期的な視野であるのに対して、経験を積むことで処理できる情報量が増えていき、俯瞰して中長期を見ることができるようになります。

ここで気をつけたいのは幹部や中堅層と経営者との間には絶対に越えられない大きな溝があること。それは「雇用する側」と「雇用される側」という立場の違いです。

雇用する側の経営者に対して、される側の幹部や労働者は「よく見られたい」という想いが無意識に発生します。経営者の前では良い顔をし、やる気がある雰囲気を出すのが当たり前です。結果として忖度や表面的な取り繕いがフィルターとしてかかるので、トップからはどうしても組織内の本当の状況が見えにくくなってしまいます。

メンバーや各部署に対する現状認識がズレると、当然ながら課題認識やその後の指示も間違ったものになります。よって、ナンバー2はトップからの「〇〇したい」というニーズや課題を鵜呑みにせず、そもそもトップの定性的な現状認識がズレているかもという可能性を普段から織り込んで、対応することが必要です。

実際、自身から見えている現状があてにならないと自覚していて、定性的な部分よりも数字や統計など定量的なデータに重きをおいて決断している経営者もいますね。

■全方位で現状をヒアリングし分析する

トップから組織内の業務改善や組織改編などに対して指示を受けた際に、ナンバー2がまず取り組んだ方がいいのはトップの現状認識と実際の組織現状にズレがないかの確認。これはトップ自身がやろうとしても立場的に正確な情報を手に入れることは難しく、ナンバー2がトップの分身として担うのが望ましいです。

具体的には、組織内で幅広く意見を聞いて現状に対する認識を取りまとめ、情報を整理・分析すること。その際は新入社員やパートさんから中堅・幹部層まで組織を構成している全ての階層のメンバーから全方位的にヒアリングすることが基本となります。ヒアリングの手段は組織の大きさや課題の内容によって異なり、個別のヒアリングが良い場合もあれば、匿名のアンケートが良い場合もあります。

これまで僕自身が行なってきたケースでも、現場に足しげく通って一緒に働きながら普段メンバーのみんなが働いている環境や日常会話をウォッチしたり、それぞれの階層で影響力を発揮している人を中心に個別インタビューを実施したり、数十問・選択肢とフリー回答を織り交ぜ構成したアンケートを匿名で全員に回答依頼をしたりと様々なやり方がありました。

これに関してはどんな場合でも通用する「正解」はありません。何を知りたいのか、それを答えやすいのはどんなシチュエーションなのか等、答える側の視点に立って最も数多く・正確な情報を取れる手段を都度しっかり考え抜いて選択するのが大切です。

■正しい課題設定は正しい現状認識から生まれる

どんな時にどんな手段を使えばいいのか、テクニカルに把握しても必ずしも正確なヒアリングができるとは限りません。この時ナンバー2に問われるのは、普段からどれだけ現場に顔を出し、メンバーと交流して信頼関係を築けているかどうかという「日常の過ごし方」です。

トップが正しく課題を設定し、より成果に繋がる可能性の高い指示を出すためには「正しい現状認識」ができているかが大前提となります。正しい現状認識とは、ヒアリングした内容に「嘘」や「忖度」といったノイズが入っていないこと、つまり「本音」であることが前提なのですが、普段から現場におらず、日常的に交流していないナンバー2に対してメンバーが本音を話してくれるはずがありません。

ヒアリングしたい時だけ現場に赴き「ちょっと聞かせてよ」とメンバーに声をかけたり、社内の連絡ツールやSNSで突然DMを送ったりするだけではダメということですね。

こうして組織の各階層からヒアリングし集めた情報を整理し、分析します。回答者の年代・性別・階層・職種・雇用形態・新卒かキャリア採用かなど、その人の背景によって同じ質問に対しても回答は様々になります。それらを表にまとめるなどして整理していくと、共通点や相違点、物事の捉え方の傾向や互いに対しての想いなどが浮き彫りになっていきます。

浮き上がってきた情報の相関関係を推察、分析して大きな一枚絵として組織全体を俯瞰した現状を導き出していくのですが、これは誰にでもできることではありません。経営の視点と現場の視点、その両方を持っているナンバー2だからこそ「正しい現状認識」を導き出すことができるのです。

自身の代わりに目となり耳となり、自組織の正しい現状を情報提供してくれるナンバー2の存在はトップにとって強力な武器となります。

組織内での方針決定をする際、経営者はその立場上「組織内」の現状を正しく把握するのが難しい。その分、現場と経営両方の視点を持つナンバー2が正しい現状を把握できるかどうかが鍵です。正しい現状把握となるかは普段からメンバーと密に交流し、信頼関係を築けているか次第で決まります。

口は堅く、頭は柔らかく、フットワークは軽く

■ナンバー2が評論家になると組織は壊れる

「それは私の仕事じゃないので」

二十代の頃の僕が口癖のようによく使っていたフレーズ。大抵は会社や組織の問題点を指摘した際に口にしていました。

「もっとこうだったら良いのに」と改善すべき点が思い浮かんだので上司に伝え、「じゃあやってくれよ」と言われると、それは上司の仕事でしょと突き返す。今振り返ってみると嫌な部下だったなと思います。でも、当時はそれでいいどころか、むしろ「問題点を指摘してあげている」と自身の言動を正当化していました。

なぜ、批評はするのに行動しないのか。それは「自分事の範囲」に対する捉え方が成熟していないことが要因です。

一プレイヤーとして自分個人の仕事を全うするのが役割、それ以外のことは自分の責任範疇ではない。そう考えているから、「問題を教えてあげている」ことは本来自分の範囲外なのに「そこまでやってあげている」という感覚であり、なぜそれ以上のことをしてあげなければならないのかと、口だけ出して行動はしない「批評家」になってしまうわけです。

こうした「評論家タイプ」は問題発見力が高く、解決への道筋も大枠では頭に浮かんでいるので、一定以上仕事ができる人、ナンバー2もしくはそれに近しいポジションの人にいる場合が多いと感じます。

でももし、実際に組織のナンバー2がこのような姿勢だったらどうでしょうか。トップに課題認識を示すものの自分ではやらない。さすがにトップにはさせられないと思っても、部下に丸投げする。色んな部署の問題点に気づいて指摘はするが、自ら行動はしない。そんなナンバー2にメンバーがついていくはずはなく、信頼を失うことになるでしょう。ナンバー2が機能しなくなれば、トップと現場を繋ぐ役割が失われ、組織運営にとって大きなマイナスとなります。

■トップにも現場にも信頼されるナンバー2の行動とは

組織に起きている全てのことは自分事であり、気づいた問題点は自ら動いて解決する。周囲から信頼を寄せられるナンバー2には全てを「自分事」として捉えられるマインドがあるのと共に三つの行動特性があると感じます。

まずは「口が堅い」こと。ナンバー2は業績など経営にまつわる数字についてトップと同じ情報を共有し、まだ表に出していない将来構想やメンバー個々人の性格や背景を把握しつつ、誰にも伝えていない悩みを相談されることもあります。つまり、組織内で最も多く機密情報を扱っているポジションです。そのナンバー2が「ここだけの話だけどさ……」とペラペラ知っていることを話すようであれば、トップからもメンバーからも信頼を損ない、役割を果たせなくなるでしょう。

次に「頭が柔らかい」こと。組織内には多様な価値観の人がおり、規律を保つために複数のルールが存在しています。そんな中、日々事業を進めているとメンバー間で人間関係のトラブルが起きたり、「ルールを守っていない」と他のメンバーを告発する人がいたり、様々なことが起こります。

ナンバー2は現場の責任者として、これらの対応に携わることが多くあります。そこで、片方の話だけを聞いて自分の主観だけで判断したり、そんなに大きなルール違反でもないのに取り締まってメンバーのやる気を失わせてしまったりしては、組織や事業にとってマイナスになりかねません。

実際には双方の話を聞いて落とし所を判断して仲裁、事実確認をした上で業績やパフォーマンスへの影響も踏まえて、適切なタイミング・言い回しで是正するなど、柔軟な対応が必要です。

■全体を俯瞰しつつ臨機応変に現場にも入る

最後は「フットワークが軽い」こと。

普段はトップの隣にいることが多いナンバー2ですが、上から指示だけ落としているのではなく、場面に応じて率先して自ら現場に立てるかどうかでメンバーからの信頼度は大きく変わります。

組織によってはトップが現場に入りたがるタイプの場合もありますよね。

これは自ら事業を立ち上げた創業社長によくあるケースなのですが、自分と同じやり方を現場ができているのか気になって現場に顔を出したがる。そこで小さな認識のズレやマニュアルが守られていない状況を発見すると、責任者とメンバーを呼びつけて叱責し直接是正してしまう。

僕が社会人になって最初に入った会社の経営者がまさにそのタイプでした。結果的に現場は萎縮してしまい、のびのびと働けず、チャレンジができずにいました。さらに経営者は自分にしかできない仕事に使う時間を削ってしまい、組織全体として大きなマイナスになってしまいます。

これはトップが全て悪いわけではありません。「信頼して任せられる」とトップが現場に対して思えないから、気になって顔を出してしまうのです。トップが任せられると心から思えれば、現場に直接介入する機会を減らせます。

そこでナンバー2はトップに代わって現場に足を運び、メンバーの個性を活かして伸ばしつつ、創業以来トップが大切にしてきたやり方を現場が守り続けられるように浸透させる役割を担うのです。

また、顧客からのクレームや事故など、初動の速さと精度の高い対応が求められる場面ではナンバー2が積極的に現場に入って連携し、時には自ら対応することでトラブルが大きくなる前に収束できる場合があります。

組織としての役割分担や責任の所在を尊重しつつも、トータルで見て最も良い形になるなら臨機応変に自ら現場に入る。組織で起こること全てを自分事として捉え、口は堅く、頭は柔らかく、フットワークは軽く。そんなナンバー2がいてくれると現場のメンバーも安心して働くことができますよね。

批評はするのに行動はしない、そんな批評家タイプは意外とナンバー2に多い。いくら仕事ができても精神的に成熟していないナンバー2に人はついてこない。周囲からの信頼を勝ち得るためには口が堅く、柔軟で、フットワークが軽く、組織で起こることの全てを自分事として捉えられるかが大切ですね。

点の事象で評価せず、背景と解釈を踏まえる

■退職事由上位の一つは評価の正当性

組織創り支援をしていて最も多く相談されるのは「人が足りない」という悩み。近年は採用難易度が年々上がっており「辞めてもまた採ればいい」という昔ながらの考え方では成り立たなくなってきています。

今、採用すること以上に大切なのは「いかに離職率を下げるか」です。ナンバー2は経営と現場をつなぐ立ち位置。様々な組織を見ていて、離職率が上がるのも下がるのも、ナンバー2の立ち振る舞いによる影響は大きいと感じます。

そもそも会社を辞める人はどんな理由で退職という選択に至るのでしょうか。

求人媒体やキャリア系のメディアなど、これまで何度も「退職理由ランキング」系の記事が公開されてきましたが、どのメディアの調査を見ても退職理由の大きな要因はほぼ以

下の三つに集約されているように感じます。

・人間関係
・労働環境
・評価、報酬

人が複数人集まれば人間関係が発生し、それが誰かの悩みへと発展していくのはどんな組織においても起こります。また、労働環境については過剰な時間外労働は認めない・育休を男性でも取れるようになど、働きやすい環境をつくることが企業の責務であるという社会的な気運が広まりつつあります。

そこで注目したいのは「評価」について。組織がどんな人を評価するのか、それをどのような手段で伝え、どう報酬に連動させるのかは、優秀な人材を逃さないためにも大切な要素です。

■目立つ人が損をする組織に未来はない

もしメンバーの退職事由で「評価の正当性に疑問があるから」と上げる人がいたら、黄色信号。もしかしたら組織崩壊の入口に立っているかもしれません。

僕は特に地方企業や地方自治体の組織創りを支援することが多いのですが、これまでの経験上「トップダウン・軍隊型」の組織文化であるケースがほとんどです。

戦後の焼け野原から再興し、無いものをどんどん作れば売れた高度経済成長時代のビジネスは「いかに早く・安く・大量に」といった明確な正解がありました。だからこそ、最も伝達スピードと実行力の早いトップダウン指示で、言われたことを的確に早くこなす軍隊的な組織が目標とされたのでしょう。

しかし、コロナ禍や異常気象による災害のように誰も予想し得ないことが毎年のように突然起こる不安定な現代においては、トップひとりの判断に沿って全員が動くのはリスクが高すぎます。様々な視点の意見を吸い上げる仕組みや、メンバーが主体的な行動を取れる環境をもつ組織の方が強いのです。

今、大切なのは「やる気があり、主体性を発揮できる」メンバーをいかに増やせるか。そのためには組織が「そういう人を評価するよ」と発信することが重要です。

残念ながら、トップダウン・軍隊型の組織では言われた通りのことだけをするのが正解ですから、新しいことに自ら挑戦しようとする人が煙たがられたり、無視されたり、潰されるといった状況が起こりがちです。

仮にトップが自ら「新たな挑戦を応援する」とメッセージを発しても、うまくいかないケースがほとんど。なぜなら、現場の管理職クラスが受身タイプで挑戦しようとしていないから。

彼らにとっては今まで通り同じことをしていた方が楽なので、主体性を発揮し新しいことをしようとするメンバーは「面倒くさい存在」と、評価を低くつけます。

そこで必要となるのが、ナンバー2の巻き込み力と、目立つ動きをするメンバーをちゃんと評価する行動です。

トップのメッセージを自ら体現して主体的に動き、管理職層に組織が大切にする価値観が転換したことを印象付けましょう。組織横断型の新プロジェクトを立ち上げて主体性あるメンバーを抜擢するなど、既存のヒエラルキーから外れた動きをあえて作ることも、目立つ人が損をしない・守られる環境をつくる第一歩になります。

■間違った「行動」を責めるのではなく「背景」を分析する

とはいえ、メンバーの主体性発揮と新たな挑戦を大切にする組織に転換していく過程で、向き合わなければならない困難もあります。

それは「ミスの量が増えること」です。

いつもの仕事をいつも通りするよりも、新しいことに挑戦すれば当然失敗する確率は上がりますし、言われたことだけするメンバーよりも、自ら判断して動くメンバーの方がミスをする回数が増えます。そのミスをカバーするのは管理職の仕事になるため、トップダウン・軍隊型の方が楽だと捉える管理職層がいるのは仕方がないことかもしれません。

ただ、前述した通り不安定な時代を生き残っていけるのは「変化し続けられる」組織であるため、最初は痛みを伴ってでもメンバー各々が主体的に行動できる組織への変革は急務といえます。

この痛みはあくまで「一過性」のもので、初めのうちは多発するミスをナンバー2が中心となってどうマネジメントしていくか次第で徐々にミスの回数を減らすことが可能です。

メンバーが自ら行動した結果ミスを起こした際に「〇〇するのはダメだ!」と行動自体を責め、その点の行動でメンバーに悪い印象を持つ上司は管理職失格。過去を責めても何も変わらないためです。

ミスに繋がったメンバーの行動の背景には「物事の捉え方」が存在しています。「〇〇という行動をしようと思ったのはなぜか」と、まずはその行動に至った経緯や判断した理由を確認し、その人の根本的な価値観や物事の捉え方を知ることから始めましょう。

例えば、本来上司に確認してからあたるべき顧客対応を一人で行なってミスをした部下がいたとします。そこで「一人でやるのはルール違反だろ!」と叱るのではなく、まずはなぜ一人で対応したのか聞いてみると

- 上司が重要な会議資料の作成で忙しそうだったから
- お客様が急いでいて早く対応してあげたかったから

といった、その行動を取った背景の価値観と物事の捉え方が明らかになります。

このケースでは「お客様第一」という価値観は良いことであるものの、「上司が忙しそうな時は声をかけない」という捉え方がズレています。そのため、忙しそうに見えても声

をかけて良いし、想像で動くのではなく事実を確認しようと伝えた上で、ミス自体の知識や経験不足について正解を指導します。

このようにミスの背景を分析して、ミスに至った価値観や物事の捉え方を正しく直してあげることで、主体的に動くコツを学び、他の場面でもミスの回数が徐々に減っていきます。

こうしたマネジメントのやり方をナンバー2が管理職層に示して実践させ、メンバーが主体性を発揮しやすい環境を整えていけば、細かなマネジメントをしなくてもメンバー各々が自ら考え行動し、積極的に意見を発信してくれる組織へと生まれ変わります。ナンバー2は点の事象ではなく、背景と解釈、そしてその人の本質的な価値観や捉え方、結果的にとった行動と結びついた成果をトータルで評価することが大切です。

今組織創りで求められるのは「いかに離職率を下げるか」。その鍵となるのは「納得感がある評価」。まずは組織がどんな人を評価するかを積極的に発信し、失敗という点の事象を責めるのではなくナンバー2を中心に部下の「物事の捉え方」を育て、行動と成果をトータルで評価するのが大切です。

何事もゲーミフィケーションを大切に

■やりたいことよりも「必要」なことがほとんど

複業を始めた当初、就活生のキャリア支援をしていて感じたのは「やりたい仕事」に就きたい人がほとんどなんだなぁということ。

確かに僕自身も音楽が好きだからレコード会社を受けたり、ミュージックビデオを作っている会社を受けたりと同じことをしていました。ですが、実際に社会にでてみるとすぐにやりたい仕事をさせてもらえる機会なんてほとんどなく、大抵は「会社がやらせたい仕事」を日々こなすことになります。

下積みを経て年齢を重ねていけば、やりたいことができるようになるから「今は我慢の時期」なのかというとそれも違いますよね。何歳になっても「やりたくない」けど「必要」な仕事をする機会は僕も今でもありますし、そういう人が大半だと思います。

ただ、その時に自分がどうするのか、決断次第でその後の人生は大きく変わるんじゃないかと感じています。

「辞める」のか「諦める」のか「向き合う」のか。

大学時代、僕は学生自治会に入っており、その繋がりで先輩から「日雇いバイト」をよく紹介してもらっていました。その先輩はテレビ局の中の人と仲が良く、イベントやスポンサー絡みのアルバイト案件をたくさん抱えていたので、僕ら後輩にとっては生活のキーマンとも言える存在。僕自身もミュージカルの舞台設営や幹線道路での渋滞調査、大手食品メーカーの総務業務やスーパーマーケットのオープン日支援など様々なバイト経験をさせて頂きました。

そんな先輩から紹介してもらった案件の中で特に印象的だったのは「雪まつり」での1日バイトです。

■ただの作業バイトを熱狂するエンタメへ

毎年二月に開催され、冬の北海道観光の目玉とも言える「さっぽろ雪まつり」。その運営に深く関わるバイトをしないかと先輩から声をかけてもらい、僕は即「受けたいです！」と手を挙げました。

イベント当日、早朝から雪まつり会場である大通公園に集合すると僕と同じ大学生が複数人と「雪の女王」というタスキをかけた女性が三人。「雪の女王と一緒に何かするのか……！」と勝手に期待感が高まっていく僕ら。そこにテレビ局の社員さんが現れ、雪の女王達はテントの中へ。しばらくして戻ってきた社員さんは僕らに一言。

「AかBか、選んで。」

今日のバイトは二種類ありそのどちらかに入ってほしいということのようなのですが、中身を明かさずに分けようとするとはなんて意地悪な……と心の中で思いつつ、僕らはジャンケンをしてA班とB班に分かれました。どちらの班も四人。僕はB班になりました。社員さんは「A班はあっちね」とテントの方を指差しました。

（外した――！）

僕の心の声をよそに、社員さんは淡々と僕らB班にゴミ袋を手渡していきます。

「これから雪の女王達が来場者におしるこを無料配布するので、君らはひたすらゴミを拾って袋にまとめること。一杯になったらあっちのゴミ捨て場に持っていって。ああ、たまに写真撮ってとか言われると思うけど快く対応してね。」

真冬の外で一日中ゴミ回収。かたやA班はテントの中で雪の女王達と一緒に仕事。なんだこの天と地ほどの差は。僕らは心底がっかりし、テンション低く黙々とゴミを拾っていました。

ゴミ袋をかける、路上に大量に捨てられていくカップを拾う、たまに写真撮影、袋がいっぱいになったらゴミ捨て場へ。その繰り返し。ツラすぎました。一時間ほど経った時、僕はあることを思いつきました。同じ班の仲間を集め、ルールを設けようと提案してみたのです。

・担当のゴミ箱を決める
・路上に落ちたカップを拾うのは会場内ならどこでもＯＫ
・袋を一つゴミ捨て場に持っていくごとに一点
・観光客から写真撮影を依頼されたら三点
・一番点数が高かった人は打ち上げ費用タダ（みんなのおごり）

どうせやるなら楽しくやりたいと、僕が急遽提案した「雪上ゴミ拾い大会」は全員一致で承認されゲームがスタート。一時間前とは別人のようにキビキビと動き回る人、観光客に笑顔で声をかける人、よく捨てられそうな場所にゴミ箱を動かす人。それぞれ考え抜いた戦略が会場内で展開されていきました。結果、汗だくになりながらもあっという間の一日を過ごすことができたのです。

僕は残念ながら一位にはなれなかったのですが、仲間達が感謝の気持ちとして僕にもおごってくれて、友達もできてとても充実したアルバイトになって最高。

ちなみに、休憩時間に悔しさからA班のテントを覗きにいってみたところ……。そこには大きな寸胴鍋の中に入ったおしること、それが固まらないように長い棒でひたすらかき回し続ける上半身裸の男達がいました（笑）。どっちの班もハズレだったのです。

■やる気依存よりも「やりたい」と思える仕掛けを創る

学生時代のアルバイトでそんな経験をした僕がモットーにしているのは「何事もゲーミフィケーションする」ということです。

ゲーミフィケーションとは、コンピュータゲームのデザイン要素や原則をゲーム以外の物事に応用すること。ゲームならよくある「レベルアップ」や「クエストシステム」などの仕組みを他の物事で活用するのです。

組織創り支援で様々な企業やチームに関わっていると、経営者・トップから「メンバーのやる気が感じられない」「もっと主体的に動いてほしい」といった悩みを相談される機会が多いです。

一方、働くメンバー側の面談でも「やりたい仕事じゃないのでやる気が出ない」「やりたいことしかしたくない」といった声をよく聞きます。

これらはある意味経営側も労働者側も「個人のやる気に依存」しているのかもしれません。会社や組織を運営していく上で全員の「やりたい仕事」を叶えていては、一部の仕事に人員が偏ってしまい現場が成立しませんし、個人のやる気に任せていては成果の品質もバラついてしまいます。

そんな時に大切なのは、メンバー一人ひとりが自分の仕事をどう受け止めているのかの確認と、そこに「楽しさ」や「やりがい」を見出せるような仕掛け創りをナンバー2が中心となって進めること。つまり、「動機付け」です。

何のためにその仕事をしているのか、意義と目的の共有も必要です。加えて、メンバー本人が大切にしている価値観や楽しさ・喜びを感じる事柄と、その仕事との「接点」を見出してあげる「動機付けの支援」を組織として提供することができれば、メンバーのパフォーマンスが最大限発揮され業績が上がるのはもちろん、望まない離職も減らせます。

動機付けの進め方は組織風土やメンバーの個性によって異なるためここでは要点のみをお伝えしますが、まずはメンバー同士が互いに価値観を明らかにする「相互理解」が土台として必要です。自己紹介シートやお互いの取扱説明書作り、ワークショップなどがこれに当たります。

その上で面談や業務内でのフィードバックなど、直接的な対話を中心に、一緒に動機形成を進めていきます。その後、アワードのようにみんなから承認してもらえる機会を設けたり、経営側からコンテスト・新規事業コンペといった普段とは違うゲーム的な刺激を入れたり、「やりたい」と思える仕掛け創りを同時に進めていくのが効果的ですね。

「やりたい」と思えるかどうかは自分がその仕事をどう受け止めるか次第。それを個人に依存せず、組織としてどうデザインしていくのか。ナンバー2のやりがいであり、ひとつの役割だと思います。

やりたくないけど必要な仕事を求められる場面は誰しもある。そんな時に大切なのはどうすれば楽しめるかデザインすること。組織創りにおいては「やりたい」よりも「やりがい」を見出せるよう、ナンバー2がメンバーを動機付けられるかが鍵となります。

解の質を上げる前に、問の質を上げる

■一生懸命やっても評価されない理由

面談をしていると「こんなに一生懸命やっているのに会社は評価してくれない」と、不満を持つメンバーと話す機会があります。

毎日遅くまで残業しているのに。何百件もアポ電話かけているのに。上司は私の頑張りを見てくれていない……。自分の頑張りをたくさん説明してくれて、いかに自分が会社に貢献しているかわかってほしいという強い思いが伝わってきます。実際、一生懸命に頑張っているんだとも思います。

ではなぜ会社はその人を評価しないのでしょうか。

それは「頑張りどころ」を間違えているからです。

かつての僕もそうでした。二十代前半の頃、トップから広告宣伝の部署立ち上げを任せてもらい気合十分だった僕は、誰に頼まれるわけでもなく毎日朝から深夜まで、数カ月ほぼ休みも取らず働き続けていました。そして、こんなに頑張っているんだから褒められるはずだと思っていたのです。

ところが、ある日僕は社長室に呼ばれてこっぴどく叱られ、強制的に休みを取るように言い渡されました。今思えば「そりゃあ当然そうなるよな」とわかるのですが、当時の僕は「長く会社にいる＝頑張っている＝評価される」と本気で思い込んでいました。

でも、実際はこれまでやってきた施策をそのまま続けているだけで新しい提案もなく、新店のオープンなどで増えた業務量を効率化する工夫もせず、自分の労働時間を増やすという短絡的な解決方法で無理やり乗り切っているだけ。会社からすればただ残業代を多く支払い、成果もあげられない金食い虫に過ぎなかったのです。

■成果＝誰かにとって価値がある仕事

僕はいつの間にか「自己評価」を「会社の評価」にすり替えていたのだと思います。仕事における評価とはあくまで他人がするもの。そして評価はプロセスというよりも、主にゴール（成果）に対して行われます。自分がどんなに一生懸命頑張ったと思っていても、会社や上司・同僚、お客様にとって価値が無ければ成果とは呼べず、評価されません。

評価されるような成果を出せずに残業代（人件費）は増えていくばかり。それが僕が「認めて欲しい」と独りよがりに主張していた仕事の中身でした。会社・組織にとっては迷惑ですよね。

組織創りの支援をしていると、かつての僕が勘違いしていたように「残業している＝偉い」と思っている人や組織に出会うことが今でもよくあります。

頑張ること自体は悪いことではないですし、何か緊急的なトラブルが起きた時に残業をしてでも対応しようとしてくれるメンバーは、成果が出ていないのにも関わらず定時で上がっている人に比べればよっぽど貴重な存在です。

ただしここで気をつけたいのは、社内の共通認識として仕事の基準を「成果」に置けるかどうかだと思います。

お客様が必要としてくれる・価値があると感じてくれる仕事＝成果。それを生み出せるかどうかが全てなのであって、残業している・していないはお客様にとってはどうでもいいこと。さらに、残業をすればその分だけ会社は残業代を支払う必要があり、コストが増します。残業せずに成果をだせるに越したことはないのです。

■より意味のある問いを設定してから、答えの質を上げる

では、なぜこのような頑張りどころの間違いが起きるのでしょうか。

その多くは「質を上げる順番」の間違いから起きているように感じます。大切なのは「問い」の質を上げてから「答え」の質を上げること。この順番が逆になってしまうと成果に

結びつきにくくなります。

例えば、営業職のメンバーが時間をかけて一生懸命トイレ掃除やゴミ拾いをしていたとします。その品質は高く、オフィスにゴミ一つなく、トイレもピカピカになりました。確かにみんなにとって助かる行動なので感謝されるかもしれません。でも「営業職として組織に求められている成果」という視点ではどうでしょうか。これが「答えの質」が先に来てしまっているパターン。どれだけ掃除の品質を上げても、営業の成果には繋がらないのです。

まずは「問いの質」を上げること。そのためには正しい現状分析と詳細な課題抽出が必要です。その結果より、営業目標達成のために解決すべき問いが何かを考えます。

仮に商談アポイントは取れているのに契約が取れていないのだったとしたら「決定率を上げる」ことが設定すべき問いとなり、問いを解消する答え（アクション）として商談資料や商談でのトークスクリプトの見直しをする流れになります。もしそこで一生懸命アポ電話をかけたとしても今解決すべき問いと結びついていないので、どれだけ頑張っても成果に繋がらない＝評価されないわけです。

ナンバー2ポジションは組織内の様々な課題に取り組む必要があります。その際も闇雲に動くのではなく、より意味がある問いの設定から始めることが大切。

解の質を上げる前に、問いの質を上げる。意識してみると目の前の世界が変わっていくのがわかるはずです。

一生懸命やっているのに評価されない人は「頑張りどころを間違えている」から。成果とはあくまで誰かにとって価値がある仕事。ただがむしゃらに動くのではなく、まずは自分が何を求められているのか「問いの質」を上げて取り組むべき課題を定めてから「解の質」を上げに行くという順番が大切です。

常に「有言実行」で。不言実行は後付けの結果論

■有言実行することで得られる価値がある

僕は以前所属していた組織で大きなモヤモヤを抱えていた時期がありました。

その組織では有言実行の反対と言える、「不言実行」が美徳とされていたのです。文句を言わずにコツコツやりなさい、という考え方自体は理解できます。しかし、「〇〇します！」とか「〇〇がやりたい！」と公言すると「意識が高い」や「媚を売っている」と次第に周囲から陰口を言われてしまうことから、「なぜこんなやりにくい思いをしなければならないんだろう」と疑問を持ちながら仕事をしていました。

もちろん宣言し続ければ、その通りに結果が伴う時も、伴わない時もあります。結果が出なければ「大口を叩いた割に全然ダメじゃん」と周囲に思われていたこともあるでしょう。それでも、有言実行することで得られる価値があると僕は信じています。

■言わないことは逃げ道を残す

任された仕事を黙ってコツコツこなす不言実行な人。そういう人の存在はありがたいですし、組織に必要だとは思います。

ただ、組織創りの視点で見た時に不言実行がマジョリティな価値観になるのは正直困ります。なぜなら、不言実行には逃げ道があり、人の成長を阻害すると思うからです。

「いつまでに○○をやります！」とか「今年は○○するぞ！」とみんなの前で宣言するのって勇気がいりますよね。もし宣言したのにできなかったら恥ずかしい、嘘つきと思われるんじゃないかといった不安や怖さが生まれます。

だからこそ、やり切れる。実際、僕自身も以前に行なっていた「毎日ブログ生活」で、有言実行の効果を実感しました。

人事という仕事柄話す場面が多いこともあり、誰かの前でしゃべることは抵抗感なくどちらかと言えば得意なのですが、僕は書くことに対して腰が重く苦手意識を持っていました。

そんな自分を変えたいと心の中で思っていたところ、当時趣味でやっていた生配信で、一緒に出てくれた友人から「今この場で毎日書くって言っちゃおうよ」と背中を押してもらい「来年は毎日ブログを書きます」とノリで宣言してしまう羽目に。結果、年明けから「毎日ブログ生活」をスタートさせるのですが、今思い返しても本当に大変でした。

ただでさえ日常業務が忙しい中、ブログを書く時間を確保し、書くネタが無くならないようにアンテナを張り続ける日々。始まって五日目でもう後悔していました(笑)。ですが「公言したからにはやり切らねば」という執念で、結果的に何とか一年間書き切ることができたのです。

毎日ブログ生活では百日目くらいから大きな変化がありました。一記事を書き終えるのにかかっていた時間が四時間から一時間程度となり、書く前に感じていた腰の重さも今はありません。大変だったけど、自分が苦手としていたことを克服し成長できたことで自信にもなりました。

でも、あの時みんなの前で公言していなければいつでも辞めることができたし、間違いなく途中で辞めていたと思います。

逃げることなく有言実行することで得た成長。そして、周囲との関係性にも明らかな変化が生まれました。

■言葉と行動を伴わせてはじめて信頼は得られる

有言実行した「毎日ブログ生活」。書くことへの苦手意識の克服を目的に始めた取り組みだったものが、続けていく中で僕自身が当初想定していなかった変化がいくつも起きました。

まず、毎日SNSにブログ記事をアップすることで、応援コメントをもらえるようになりました。ブログをきっかけにイベント登壇のお声がけを頂けたり、イベント登壇や運営の際にお会いしたことがなかった方から「読んでいます！」と話しかけてもらえたりするようになりました。

何より驚いたのは、周囲の方々が僕を「彼は今、毎日ブログを書き続けていてすごいんだよ」と、紹介して下さるようになったことでした。

これって何が起きているんだろう。そう考えて気付いたのは「人は言葉と行動が紐づいた時に信頼する」ということです。

僕自身は自分の成長のために毎日ブログに取り組んでいたのですが、それを有言実行することで周囲の方々が僕に対して「言ったことをちゃんとやる人」だとか「続けられる人」と評価してくださり、これまで以上に信頼を寄せてくれるようになったのです。

これがもし「不言実行」で誰にも言わずに黙々とやっていたとして、同じ効果が得られたかというと違うのではと思います。

組織創りは一人では進められません。多くの人の協力やみんなが「自分事」として捉えて動いて下さる必要があります。そのためにもナンバー2が周囲から信頼を勝ち得ることは必須であり、積極的に「有言実行」して言葉と行動を伴わせていく姿勢を示すのが大切です。

それを続けることで仲間が集まり、組織の中で「有言実行」する人の数が増えていけば、メンバーの成長に繋がり、やがては業績にも繋がっていくと思います。

常に「有言実行」で。ナンバー2にとって大切なキーワードです。

「不言実行」には逃げ道がある。成長したいのだったら自ら退路を断つためにも公に「宣言」した方がいい。周囲に表明すると簡単には辞められなくなるのはもちろん、言葉に行動が紐付き「有言実行」できた時に周囲から大きな信頼を得られます。ナンバー2は常に「有言実行」で。

アンテナ感度は高く、雑談の引き出しを多く持つ

■雑談上手になるために課した2つのルール

社会人になって三年目、念願だったマーケティング・広告の部署立ち上げを任せてもらった僕は、当時大きな悩みを抱えていました。雑談が苦手だったのです。

若干二十五歳で一つの部署の責任者になれたのは良かったのですが、仕事の一環として様々な取引先の方と商談する機会が多くなり、早い抜擢によって先輩から商談を教えてもらう経験を積めなかった僕はどのように進めればいいのかわからず。そもそも何を話したらいいのか、自分から話し始めるものなのかなど、決まった型を欲しがってしまい、結果的に相手の要件だけを聞いて終わるという、つまらない商談を繰り返していました。

しかも、商談相手は大抵僕よりも年上で共通の話題も浮かばないので、商談に対しての苦手意識は大きくなるばかり。これではいけないと思った僕は、毎日立ち飲み屋に通うことにしたのです。

前々から気になっていたけど勇気が出ずに入ることができなかった、帰り道にある立ち飲み屋さんに「毎日」通うこと、そして自分の「両隣に来た方と必ず会話を交わす」こと。そんな二つのルールを設けてまずは一カ月間立ち飲み通いを始めてみました。

僕が通っていた立ち飲み屋さんは、割烹着を着た女性スタッフが一人でカウンターの中を切り盛りし、手作りのおつまみと焼酎を中心とした美味しいお酒が楽しめるお店。常連さんはクリエイターや美容師、メディア関係の仕事をしている個性的な人達が集まる場でした。

最初は何を話しかけていいかわからず、他のお客さんと話しているところに無理に入っていって変な空気になったり、天気の話題など当たり障りない話題しかできなかったり、失敗続き。その状況を打開するために、まずはスタッフの女性と仲良くなることに注力してみようと決めました。

毎日ほぼ同じ時間に通っていたので、一週間ほどで「彰悟さん今日もありがとうございます」と名前を覚えてもらうことができました。やがてお互いの趣味などの会話ができるようになった頃から一つの変化が。常連さんはみんなスタッフさんと仲良し。そのため、スタッフさんを介して会話に混じって、常連の方々と交流できるようになったのです。

それから一カ月。最初はとりあえず一カ月はやってみようという縛りだったのですが、気づけばそれ以降も週三以上で通い続けるほど立ち飲み屋にハマってしまいました。常連さん達との交流は立ち飲み屋で終わらず、二次会、三次会と一緒に流れていくほど仲良くなり、初めて来るお客さんともこちらからお酒や料理、趣味の話などを振って話せるようになりました。

通い出す前と何が変わったのか。それは「相手のことや周囲の環境をよく観察するようになった」のだと思います。

全員に当てはまる決まった話題を話そうとするから雑談ができなかったのであって、相手がどこからきた人なのか、ここに何しにきたのか、何に興味があるのかなどを考え、それに沿った話題を振ることで会話が始まる。そこに年齢やお互いの背景はあまり関係ない。

そのことがわかってからはむしろ初めての人と話すのが楽しみになっていきました。

■初見の印象が良くなければ二回目はない

立ち飲み屋通いで雑談嫌いを克服した経験は、本業でも活きるようになりました。

東京から北海道に打ち合わせに来てくださった、いつか一緒にお仕事をしてみたいと思っている会社さんとの初めての打ち合わせ。雑談が盛り上がってそのまま飲みに行き、次回の打ち合わせ日程の確約と共に、一緒に仕事をすることがその場で決まったのです。

会社対会社とはいえ、中で働いているのはお互い人間。どうせ一緒にお仕事をするんだったら、気の合う人と楽しくやりたいのは誰しもそうだと思います。雑談はお互いのことを知る入口であり、会話の潤滑油のようなもの。それがあるのとないのとでは、結果も大きく変わることがよくわかりました。

初見が悪ければ二回目はありません。

思い返してみると雑談が苦手だった頃の僕は初見の方との打ち合わせの後、向こうから二回目のアポイントを依頼されることがほとんどありませんでした。仕事上、既に付き合いのある取引先とは定期的に打ち合わせをするものの、それも先方からすると仕方なく打ち合わせしていたのかもしれません。

当時、自分は会社から求められている仕事をしっかりこなすことさえしていれば、直接関係のない情報交換や商談は特に必要ないと思っていました。ただ、実際には自分一人でできる仕事なんてたかが知れていて、周囲の人をはじめ、様々な方の力を借りなければ大きなことはできません。

相手から「一緒に話をしていて楽しい」と思ってもらえたら、仕事も一緒にしてみたいとイメージが膨らみ、仲間になってくれる人が増えていくのだと思います。

仕事に限らず、プライベートでの友人やパートナーとの関係性でも同じ。何かの場面で初めて知り合った人と連絡先を交換しようと思うか、思わないかは、初見の時の印象次第。最初の印象が良くなかったら個人的にまた会ってみたいとは思わないですよね。それだけ雑談ができることは、自分の人生を豊かにする上で大切な要素だと実感しました。

■明日から誰でもできる雑談力を磨く習慣

では具体的に普段何をすれば雑談力が高まっていくのでしょうか。

立ち飲み屋に通っての実地訓練はもちろんおすすめなのですが、それだけでは雑談する話題の面で困ることがあると思います。

そこで僕が今でも大切にしている習慣をご紹介しますね。

❶様々なことに興味を持つ
❷新しい情報をキャッチする
❸まずはやってみる

僕は元々好奇心旺盛なのもあり、知らないことがあればすぐ調べますし、新しいものやサービスはまず使ってみるタイプです。

雑談は、相手が知らないことを知っている・体験したことがある場合や、最近話題になっているトレンドを押さえていると盛り上がりやすい傾向があります。

そのために僕が特に活用しているのは「X（旧Twitter）」です。この話をするとXで何を呟いていいかわからない、Xが苦手だといった声をよく頂くのですが、特に自分からは発信しなくても大丈夫です。情報収集ツールとして使うだけでも雑談力を高める上でXにはたくさんの情報が落ちています。

まずは自分の興味がある分野について、よく発信している人を検索で探してフォローしましょう。その時は本人の発言だけではなく、ニュース記事や他の人の発言をよくリツイートしている人をフォローすると効率がよいと思います。僕自身も人事関係やゲーム、音楽、地域のことなど興味がある事柄についてよく発信している人を中心にフォローしており、皆さんの発信から知りたい情報を効率良く得ています。

Xだけでも十分ではあるのですが、それ以外にもまだ余力があれば新聞やニュースのキュレーションサイトをチェックするのもおすすめです。ネット検索だと「自分が元々興味のあること」だけ検索しがちなのですが、新聞やニュースのまとめサイトは様々なジャンルの情報が目に入ってくることで「知らなかったこと」にも触れることができるので視野が広がります。

こうしてチェックした情報を仕事やプライベートでの人と会う場面で相手の興味や場面に合わせて発信することで難なく雑談できるようになります。アンテナ感度が高く、雑談の引き出しを多く持つ人の周りには人が集まりやすいので、ナンバー2にとっても大切な要素です。

雑談力は仕事でもプライベートでも初見の相手とその後継続的な関係性を築くために大切な要素。その力を磨くためには様々なことに興味を持ち、ＳＮＳなどで新しい情報をキャッチ、まずはやってみるという精神で挑戦していくと自然と雑談で話せるネタの引き出しが増え、友人も増えていくはずです。

できない理由より、できる方法を追求する

■できないことをできないと言うのは誰でもできる

僕は元々「めんどくさい」ことが大嫌いで、面倒なイレギュラーが起きないように事前に徹底的に準備をするタイプ。なので、綿密に組み上げたプランが上司やトップの思いつきで崩されるのはものすごくストレスです（笑）。

そのため若手の頃の僕は、面倒なイレギュラーが起きたり、上司から急な指示の変更が伝えられたりしたら、すぐに情報を集めていました。その情報とは「なぜできないのか」という根拠になるものたち。上司からの指示を満たせなかった時に詰められることを見越して、できない理由をひたすら考えていたのです。

しかし、今思い返してみるとそうやって理論武装していたとしても結局はめちゃめちゃ叱られて、「なんて理不尽なんだ」と、思っていました。

でも、今僕がナンバー2として大切にしている信念は極力「できないと言わない」こと。

なぜこのように気持ちが変化したのでしょうか。

できるように組んでいた予定が崩されたら「それは自分のせいじゃない」と思いたいし、投げ出したくなる気持ちはわかります。でも「できない」というのは誰にでもできる最も簡単な回答です。

トップが方針転換をするのは、以前の指示よりも「組織やお客様にとって良い成果を挙げられる」と見込んでいるから。それに対して「できない理由」をどれだけ並べられてもトップにとっては正直どうでもいいことなのだと、ナンバー2を続けていく中で気づいたのです。

■できる方法を考え抜ける人にチャンスが訪れる

とはいえ、物理的な理由などで結果的に指示通りにできない場合もあります。ただ、それでも「できない理由探し」よりも、まずは「できる方法の追求」から始めてみることが大切です。できない理由をどれだけ探したところでそれは単なる自己保身でしかなく、会社にも顧客にもプラスになることは一つもないから。だったら、実際にできるかはさておき、まずは「どうやったらできるか」を考えた方がよっぽど建設的だからです。

トップからの方針転換はある意味「チャンス」です。

仕事をしていれば、何かしらの制約条件による縛りやイレギュラーが発生するのは日常茶飯事ですよね。

僕が一緒に仕事をしていて「この人仕事できるな」と感じるのは、平常時よりも「追い込まれた時の立ち回り」に表れていると思います。

トップから突きつけられる課題は大抵の場合自分ひとりでは解決できず、周囲の仲間や取引先にも協力を仰ぎながら進めてようやくクリアできるものがほとんどで、ある意味レベルの高い訓練になる。そしてその難局を乗り越えられた時、トップはもちろん、周囲からも評価や信頼を勝ち得ることができる。失敗が許されない現場でのイレギュラーな対応にも難なく対応できる力が身に付くなど、自身の成長を実感することができるのだと思います。

ちなみに、指示や案件内容によって考えるべきことは変わると思いますが、僕が「できる方法」を考える際に念頭に置いている基本的なポイントはこちらです。

・新たなゴール設定（意義目的・納期・予算・質など）
・達成要件の洗い出し（どうすればできるのか）
・指示変更前から持ち越せる情報、リソースの確認
・足りない要素や制約条件の確認

・不足リソース、達成要件を満たすための協力者依頼

場合によってはトップ自身に協力を仰ぐこともあります。ですが、できる方法を叶えるために自分を使おうとする部下の姿勢に対して喜ぶことはあっても、怒るトップはあまりいません。それと同時に、すぐにできない理由を考える人にトップが仕事を任せたいとは思いません。「どうやったらできるか」を前向きに追求し続ける人がトップや周囲から信頼・評価され、新たなチャンスにも恵まれるようになるのです。

できない理由を並べても意味はなく「どうやったらできるか」を前向きに考える姿勢を持ったナンバー2が、トップからも周囲からも信頼され、チャンスにも恵まれます。

他人に追い込まれる前に自らを追い込む

■人と環境のマッチング次第で誰でも鬱になり得る

今でこそ複業人事を経て独立するまでに至ることができた僕ですが、十年ほど前にメンタルダウンし会社に辞表を提出した過去がありました。その時の僕が、今の僕と比べてメンタルが弱かったのかといえば決してそんなことはありません。

僕は人と環境のマッチング次第で誰でも鬱になり得ると思っています。

当時の僕は知人の紹介で新しい会社に転職したばかりで、マーケティングの仕事をしていました。

三十歳半ばで、ある程度マーケティングや広告の経験を積んだ上での転職だったのですが、これまでとは異なる業種。現状のやり方を学び取るために作業的な仕事から少しずつ慣れていく日々でした。

当時の上司はほとんどの仕事に僕を同席させ、自身の仕事の進め方やスタイルを教えてくれました。仕事にも少し慣れてきた頃、「お前はどう思う?」と意見を聞いてくれるようになったのですが、そこから異変が。どんな意見を伝えても「それは違う」「何を言っているんだ」と否定され、上司の意見を「正解」として教えられるようになりました。

そのうち「今まで何をしてきたんだ」「もう何もしなくていい」「バカなのか」と大声で叱られ、人格を否定されたり、物で机を叩き大きな音で威嚇されたり、叱責はどんどんエスカレートしていったのです。

確かに当時の僕自身が未熟だったのかもしれません。しかし、何を言っても否定され、上司の正解以外は許されない日々を過ごすうちに、僕はすっかり自信を喪失。気づけば自分の意見を言うことが怖くなり、当たるはずのない「上司の正解」を探すだけの人になってしまいました。

そしてついに、会社で仕事をしていたところ、自身の意思とは関係なく突然涙が溢れ、強い吐き気に襲われて身体が動かなくなってしまったのです。

その後病院で鬱症状である診断を受け、会社に辞表を提出するに至りました。

当時の自分を振り返ってみて、人格否定や暴言、暴力よりも一番厳しかったのは「他人にプロセスの全てを管理される」ことでした。

・スケジュールはプライベートも含めて全て共有
・メールは全て上司をｃｃに入れる
・電話をしたらすぐに内容を報告
・社内で立ち話をしていたら「今何を話していた」と聞かれる
・休みの日でもお構いなしにメッセージが届き、既読しなければ「なんで見ない」と電話がかかってくる

こういった全てを監視されている環境で、自身の意志や個性を出せずロボットのように過ごす自分に、心身とも耐えられなくなってしまったのです。

僕のケースでは、その後ありがたいことに他部署の上司から声をかけて頂いて部署異動が叶い、異動先の上司は「ゴールを握ってプロセスは任せる」スタンスだったため、徐々に成果を積み上げ自信を取り戻すことができました。

同じ会社でも上司の性格・マネジメントスタイルや環境とのマッチングによっては、メンバーの人生を左右することがあると実感した出来事でした。

■追い込まれなければできない人は常に誰かの奴隷

僕は自分が予見していないイレギュラーや面倒くさいことが大嫌いなため、想定していない状況が起こるとものすごくストレスを感じる個性を持っています。そんな自分にとっ

て、上司にプロセスを常にコントロールされることは毎日ストレスフルな状態となり最終的には心を病んでしまいました。

この鬱症状になった経験から、僕は自分の仕事のスタイルとして「他人に追い込まれる前に、自らを追い込む」という信念を確立させました。基本的に自ら締め切りを前倒ししたスケジュールを設定し、上司への報告・連絡・相談・確認を徹底。常に上司から伝えられた締め切り以前に成果を提示できるようにする。上司から突っ込まれる前に自らを追い込むことでいかに「上司を不安にさせないか」を追求するようにしたのです。

その上でしっかりと成果を出していくと、上司に「何かあれば向こうから言ってくるだろう」と思ってもらえるようになります。自分自身も上司側になってみて、ゴールを握った上で管理しなくても成果を出してくれる部下であればそれに越したことはないなと感じました。(管理すること自体が自分の仕事や存在意義になっている上司の場合は別ですが)

ただし、これはあくまで僕の場合であって、中には管理してもらいたい人や、締め切りが近づいて追い込まれてからじゃないとやる気がでない人もいると思います。その事自体は個人のスタイルなので否定するつもりはありません。

ただ事実として受け止める必要があると思うのは、自分で自分を律することができなければ、一生「誰かに使われる」立場から抜けられないということです。僕は自分の人生を他人の都合に委ねたくないので、自分を追い込むことを選択しました。

■最大のライバルを自分にすると人生はひらける

転職先で上司のマイクロマネジメントによって鬱症状になった経験をお話しすると「その人を恨んでないんですか」といった質問をされることがあります。

確かに当時はその上司に対して嫌悪感に近い敵対感情を持っていた時期もありましたし、声を聞くだけで身体が反応してしまい具合が悪くなることもありました。しかし、今は特に何の感情も持っていません。なぜなら、誰かを敵にするよりも、自分をライバルにした方が幸せになれると気づいたからです。

ナンバー2としてメンバーの面談やキャリア相談に乗っていると、周りと比べて自信を無くしている人や周りに認めてもらうために周囲に合わせて自分の行動を決めている人とよく出会います。でも、本質的には意味のない場合の方が多いのではないでしょうか。

恵まれているように感じる人と自分を比べると、確かに悔しかったり焦る気持ちになったりしますよね。一方、世の中には毎日きれいな水を飲み、美味しいご飯を食べることすら叶えられない人がいます。その人からすれば私達の生活はどれだけ恵まれているでしょうか。

周囲の話題についていくために、それほど興味のないドラマや動画を倍速で視聴してまで貴重な自分の時間を削っている人。そこまでして頑張って話題についていったとして、結果的に相手から何が得られるでしょうか。

上を見たらキリがないし、自分が思っているより他人は自分に興味がない。それが現実です。他人を物差しにして自分を測っていると、本来自分が人生において大切にしたかった価値観がおざなりになり、自分の成長や幸せのために使う時間が他人の都合で奪われていきます。それってとても勿体ない。

結局、自分のことを幸せにできるのは自分だけです。人生を豊かにするためにも自分のために時間を使い、自己成長のために投資し、過去の自分を超え続けていくことが大切なんじゃないでしょうか。他人に追い込まれる前に自らを追い込む。それができる人は自走してぐんぐん成長していきます。

人と環境のマッチング次第で誰でもメンタルダウンは起こる。もし上司に管理されたくなければ常に先回りをして相手を不安にさせないようにする等、自分で自分を追い込めるかが大切。誰かと自分を比較したり敵対心を抱いたりするよりも、自分を最大のライバルとして超えていく方が幸せになれます。

敵に回すと怖い人より、味方にいてくれたら嬉しい人でいる

■恐怖による支配の下にクリエイティブな思考は生まれない

組織創りについて経営者が抱きがちなのが「メンバーからもっと提案が上がるようにしたい」という悩み。ではなぜ自社のメンバーが提案をしてこないのか一緒に考えてみると「うちのメンバーは受け身で」「主体性がなくて」「おとなしくて」といった理由が主に挙がるのですが、だとしたら元の性格がそういう気質で、採用したこと自体が失敗だったのでしょうか。いいえ、マネジメントの問題もあり得ますよね。

例えば、とある会社の広告・マーケの責任者としてトップに対してどんどんアイデアを提案し実現していた人が、転職先では完全に受け身になり言われたことだけをするロボット化、最終的には鬱症状になってしまったというケース。これは僕の経験談ですが、元々その人にははっきりと主体性があったのに、別人のように萎縮してしまうことがあります。

オーストリアの精神科医アルフレッド・アドラーが提唱した「アドラー心理学」では、感情は「ある状況で、特定の人（相手）に、ある目的（意図）をもって発動される」とし、怒りっぽい人とは、幼少期に周囲の人を「怒りで動かすのに成功した経験」を成功パターンとして大人になっても使い続けているものと分析しています。

そういった怒りや恐怖で支配をすれば、部下に思い通りの行動をしてもらうことはできるかもしれません。ただ、メンバーが価値観や意志を発揮して提案するようなクリエイティブな行動は生まれません。

もし、自身の部下から提案がない・主体性が感じられないとしたら、部下に指をさす前にまず自身の普段のメンバーへの言動やマネジメントスタイルを振り返ってみることが大切なのではないでしょうか。

■何を言うかより、誰が言うか

メンバー達の自由闊達な意見発信は、「心理的安全性」が担保されている組織環境が前提となって起こるものです。

心理的安全性とは「組織の中で自分の考えや気持ちを誰に対してでも安心して発言できる状態」であり、意見を言ったことで無下に否定されたり、叱責されたりしない環境を指します。

僕がナンバー2として大切にしていることの一つに、組織として以前に「僕個人として」心理的安全性を提供するというコミュニケーションスタイルがあります。

ナンバー2はトップと現場との架け橋であり翻訳家。その役割を全うするためにはトップにとっても、メンバーにとっても「話しやすい人」であることが必須です。なので、僕は基本いつでも笑顔で明るく話しやすい雰囲気でありつつ、思っていることを率直にお伝えするようにしています。

相手の心を開くためにはまず自己開示から。素直な気持ちを話して欲しいならまず先に自分がぶっちゃけて、素直にお話しする。そうすることで相手は「そこまで話してもいいんだ」と、言いにくいことも伝えてくれるようになります。

よく管理職の方からマネジメントについて「部下が言うことを聞いてくれない」「面談で部下が心を開いてくれない」といった悩みを相談されるのですが、本人は「正しいこと」を伝えているつもりでも相手が受け止める気がなければ何を伝えても意味がありません。なぜなら僕らは誰しも「話の中身」よりも「誰なのか」を基準に自身の行動を選択しているからです。

例えば、学生時代に二人の先輩からそれぞれ食事に誘われたとします。

そのふたりとは、尊敬しているA先輩と正直苦手なB先輩。ふたりは「後輩の面倒をみてやりたい」という同じ気持ちで、同じ言動「おごってやるからご飯に行こう」と自分に伝えてきたとして、皆さんならどう反応しますか。A先輩なら喜んで行くのに、B先輩には「ちょっと予定あるんで」とずらした経験はありませんでしょうか。

「何を」言うか、より「誰が」言うか。もし部下が言うことを聞いてくれず、面談で心を開いてくれなかったとしたら、日常のコミュニケーションで上司自身が部下の話を聞いておらず、面談の時だけコミュニケーションを取ろうとしているのかもしれません。

何を伝えるか以前に、自身が周囲に信頼されていること。それがナンバー2としての前提条件だと思います。

■信頼されるナンバー2に集まるチャンスとリスク

僕が複業家として活動を始めてから、仲間にもらった感謝で一番嬉しかった言葉があります。

「彰悟さんって、味方にいてくれると嬉しい人だよね」

僕は自分自身が次々と新しい価値を生み出していくイノベーターでもなければ、様々な方達とコラボして人を巻き込んでいくインフルエンサーでもない。自分の好きなひとと好きな組織が目指すビジョンを叶えられる状況になるようにコツコツ屋台骨を支えるタイプなので、僕にとって最大の褒め言葉で本当に嬉しかったです。

実際、ナンバー2として組織を動かしていくときには一定の影響力があると便利です。しかし、大切なのは影響力を持てた理由。影響力と言えるほど周りに人が集まった理由だと思います。その理由は様々だと思いますが、「味方としていてくれたら嬉しい人」は周囲の人達から信頼されているので、新しい仕事や体験など様々な機会に恵まれるのと同時に、その人が醸し出す心理的安全性から様々な悩みを相談される機会が多くなります。補足ですが、悩み相談の中には自分の属する組織にとってリスクになり得る情報が含まれているケースも少なくありません。いち早く情報をキャッチすることで、前もって対策できます。

一方で、権力や影響力はあるものの「敵に回すと怖い人」もいます。周囲に集まる人達は「その人が持つ権力や影響力の恩恵に預かりたい」からすり寄っているのですが、権力や影響力があるがゆえに「逆らえない」「嫌われたくない」といった怖さも同時に感じているかもしれません。

もし周囲の人にそう思われてしまうと、本人にとって耳触りの良い話ばかりが入ってくるものの、本当に大切な話やメンバーの本音など、ある意味本人や組織にとってネガティブな話しにくいことは誰も話してくれなくなります。そのうち童話の「裸の王様」状態になってしまうわけです。

不確実で不安定、かつ労働力人口の減少に伴い採用難易度も上がっている今の時代において、トップダウン・軍隊型という権限と懲罰を用いた恐怖による支配で組織運営をしていくよりも、心理的安全性を土台にメンバーの主体性と多様な価値観を活かし合ってレベルの高い仕事に挑む「共創型」組織の方がクリエイティブな思考から成果に繋がり、より持続可能性が高くなると思います。

周囲と信頼関係を築き、新たなチャンスとともにリスク情報も引き寄せる。ビジョンが叶う組織にはそんなナンバー2の存在があります。

権力を振りかざし、恐怖の下に人を動かしても部下が萎縮するだけで良い成果は得られない。結局人間は「何を」言うか、より「誰が」言うか次第で行動を選択するので、周囲からの信頼なきナンバー2は機能しません。敵に回すと怖い人より、味方にいてくれたら嬉しい人と思われることが大切です。

第3章

できるNo.2の仕事術

トップはもちろん、社内外からたくさんの仕事が集中するNo.2。
できるNo.2にはどんな状況下でも
忙しさを感じさせない仕事術があります。

組織全体のパフォーマンスはナンバー2の立ち回り次第

■成果の出ない組織はコミュニケーションコストが高い

良いメンバーが揃っている、良いサービスを提供している、でも成果がイマイチ出ていない。その原因を追求していくと、大抵の場合、仕組みと人間関係の問題に行き着きます。仕組みの問題には主に事業側と組織側の二面があり、事業側では顧客が商材を認知して購入、お届けするまでの流れの中で、組織側では指示系統や評価制度、役割分担にエラーが見つかる場合が多いです。本書においては組織側に絞って触れていきたいと思います。

後述する人間関係の問題もそうなのですが、成果が出ていない組織の共通点として感じるのはコミュニケーションコストが高いということです。

まず組織側の仕組みの問題。組織内の指示系統が整っていないことによって無駄な時間が発生しているケースです。

例えば、直属の上司からの指示に加えて、そのさらに上の上司からも直接メンバーに指示が飛び現場が混乱する「ダブルマネジメント」や、メンバーの主体性に期待するという会社からのメッセージが曲解され、上げるべき報告が上司に上がってこない「レポートライン不全」などが代表的なエラーとして挙げられます。

また、評価制度がない・機能していないことでメンバーの不満に繋がり、組織全体のパフォーマンスが下がっているケースや、各メンバーの個性や強みを理解することなく配属部署や役割を決めていて、得意を活かせない・苦手なことをさせて結果潰してしまうといった不具合など、こうしたエラーは起こる必要のないトラブルや望まない退職、それに対応する労力が強いられ、本来成果を上げるために使えた時間を無駄にしてしまいます。

それに加えて人間関係の問題。

多様な背景を持つ人達が集まって一緒に仕事をする上でまず越える必要があるのは「未知の恐怖」です。人は知らない物事を恐れ、その不安から自身の身を守るための対策として「推察」という想像をします。これが個人の枠を越えて他人と共有され始めると根拠のない「噂話」へと発展し、人間関係が崩れる原因になっていきます。

結果として組織全体のパフォーマンスが下がり、不満のガス抜きや利害調整などに無駄な時間を費やすことにつながります。

実際に僕が組織創りで関わっている会社でも、関係性が上手くいっていないメンバーの間に僕が入って間を取り持ち直接交流させてみたら、お互いに噂や想像で悪いイメージを持っていただけで誤解だったというケースがありました。

話せばわかる。お互いのことを良く知り、理解し合う「相互理解」が組織に根付いていないがゆえに起きてしまうトラブルも成果が上がらない大きな理由だと感じます。こうした仕組みや人間関係の問題を起こさないためにもナンバー2の役割と立ち回りは重要です。

■翻訳と調整と育成ができるポジションがナンバー2

成果が出ない組織が抱える、仕組みと人間関係の問題。その多くは「信頼」と「相互理解」の不足によって起きていると感じます。

上司が部下を信頼できない・信頼できないがゆえにプロセスまで細かく管理しようとする。また、部下が信頼できないのでその下の部下にも直接指示を出したくなってしまう。逆に上司が放任・朝令暮改・保身などと様々な理由で信頼できないから、部下が報告に行きにくいといった状況です。こうした内部の関係性のこじれに対してナンバー2がどれだけ機能できるかで、組織が生み出せる成果は大きく左右されます。

ナンバー2の立ち回りは大きく三つの役割があると思います。

一つ目は翻訳。経営者と中間層、中間層と一般メンバーでは責任の重さや与えられている役割の違いから、見えている世界や視座が異なります。そして、自分が見た世界をそのまま相手に伝えようとしてうまくいかないケースは多いです。

例えば、コスト感覚。事務所の電気の消し忘れに対して、特に何も感じないメンバーとその積み重ねによって会社が失う損失を売上ベースでどれだけ稼がなければならないのかを肌身で理解している経営者では受け止めが違います。また、与えられた予算だからと年度末に向けて使い切ろうとする中間層と一円でも多く会社に残したい経営者との間にも大きな感覚のズレがあります。

こうした視座や感覚の違いをナンバー2が間に入って「相手がわかる言葉や喩え」で伝えてあげることにより、相互理解につなげていくのが大切です。

2つ目は調整。経営と現場、ベテランと若手、正規社員と非正規社員、男性と女性など、組織内には互いの立場や経験・背景の違いから複数の対立構図が生まれることがあります。これらの対立は双方に言い分があり、その多くは仕事の仕方や働き方など理想の実現を阻害されることへの不満や相手への妬みから発生しています。

不思議なのは組織全体の単位では同じビジョンや目標を目指しているはずなのに、それよりも小さな区分になったら内部対立が起きてしまうこと。ナンバー2は経営側・現場側双方の状況を知り、繋ぐ役割を担えるポジション。双方の言い分を受け止めた上で「どちらが正しいか」ではなく、組織全体のビジョンや目標と照らし合わせての着地点の調整をすることで対立を解消し、組織内の一体感を創ることが求められます。

最後は育成です。どんなに良いメンバーが揃っていてもその実績や貢献を組織がちゃんと評価し、報酬等で還元できなければメンバーのモチベーションは下がり、最終的には優秀な人ほど早く辞めてしまうことでしょう。

評価や報酬といった制度の設計は優秀なメンバーを辞めさせないことはもちろん、各メンバーの現在地と組織として本人に求めている期待値を明確に指し示すことで、成長を促す効果も期待できる重要なツールでもあります。

また、ナンバー2が斜め上のポジションから面談などを通じてのメンバーの不安や思い込みの解消、モチベーションを高めるコミュニケーションを行なうことも次世代を担うメンバーの育成のために大切です。

■様々な境目を越境し成果に繋げる

経営と現場、雇用形態の違い、世代や性差など、組織内の様々な境目に「分断」は発生します。僕自身もこれまで様々な業態・規模・ポジションで働き、分断を目の当たりにしてきた経験を経て今の働き方に至りましたが、組織創りのお手伝いをしていてどんな組織においても共通して全く必要ないと感じるのは組織内での「内戦」です。

ビジネスをしている以上、他社との顧客の取り合いなど競合が生まれることは必然です。一方で、同じ目標を目指す仲間である社内のメンバー同士での争いはお客様もメンバーも誰も幸せになりません。しかし、残念なことにこれまで関わってきたほぼ全ての組織においで何かしらの内部対立が起きていました。

背景が様々で一定以上の人が一つの場所に集まれば、それぞれの目的や想いの違いから対立が起きてしまうのは仕方がないことなのかもしれません。ただ、お互いの事情や背景を互いに理解・共有した上で、組織が目指す共通の目的を判断基準にすることができればきっと乗り越えていけると思います。

それを個々のメンバーが自発的に行なうことはなかなか難しいので、立場や背景といった境目を越境して歩み寄りのきっかけとなれるナンバー2のポジションが組織には必要です。

仕組みづくり・現場でのコミュニケーションの両面からナンバー2が機能し、相互理解が進んでいる組織では無駄なコミュニケーションが減り、その分メンバーが成果に繋がる行動に集中できるため、組織全体のパフォーマンスが高まり成果が生まれやすくなっていくでしょう。

成果が出ていない組織の共通点はコミュニケーションコストが高いこと。それは主に仕組みと人間関係のエラーで発生します。その課題を解決できるかはナンバー2次第。翻訳・調整・育成という三つの立ち回りを担うことができれば組織のパフォーマンスが向上し、成果が生まれるようになるでしょう。

締切に縛られないために、自ら締切を前倒す

■小さな約束を守れない人に大きな仕事は任せない

大学卒業後、地元の中堅アミューズメント企業に就職した僕は、現場配属からスタートして二年目で本社に異動。総務部の何でも屋としてがむしゃらに取り組んでいたら、数カ月後に広告担当を任されることになりました。

当時は今のように複業やフリーランスなど多様な働き方の選択肢はなく、本業でどれだけ年収を上げられるかが全て。そのため僕はとにかく早く出世することだけに集中して、ひたすら仕事に打ち込み、上司にも「やる気ないならその席を降りろ」とばかりに遠慮なく噛みつきまくっていました。

そんな僕を優しく諭し、時に厳しく叱責してくれた恩師が当時の専務。自分なりの正義感と野心だけで突っ走る僕に、社会人とは、管理職とはといった大切なことを叩き込んでくれ、今の自分へと繋がる道筋を導いてくれた人生最大の恩人です。

そんなある日、社内で社長発信の企画コンペが開催。僕は公式の場で上司達よりも実力があることを示すチャンスだと意気込み、数十枚に渡る提案資料を作ってプレゼンに臨みました。

一方、他の上司達はA4一枚・文字だけ程度の資料と短いプレゼン。「これは勝ったな」と思っていた僕に、不採択の通知が届いたのです。

よりにもよって選ばれたのは僕がいつも噛みついていた直属の上司の企画。納得がいかず、専務室に飛び込み「あれが選ばれる意味がわかりません！」と専務に持論を捲し立てました。すると専務は「そういうところだよ」と一言。僕は意味がわかりませんでした。

専務はこう続けました。

「お前は確かに仕事ができるよ。だけどいつも自分のことしか考えていないし、時間や期限をよく破る。だから選ばれなかったんだ。」

「それとこの企画の件とは関係ないじゃないですか！」

そう僕が切り返すと、専務は深いため息をついて

「小さな約束を守らないやつに、大きな仕事を任せられるわけがないだろ」

と言いました。その一言は僕の心に深く刺さり、この日を境に約束と納期を必ず守ることが自分の仕事観の根幹になっています。

■締切オーバーの要因は読めない他人のスケジュール感覚

面談をしていて特に若手社会人の方からよく相談されるのが「スケジュール管理が苦手」という悩みです。タスク管理ができていなかったり、ちゃんとメモを取っていなかったりとその原因は様々なのですが、締め切りが守れない人によくあるのは「他人を巻き込む仕事で締め切りをオーバーしてしまう」というケース。

仮に自分がとある社内横断型プロジェクトの進捗管理をすることになったとして、決裁者へプレゼンをするのが一カ月後だとしましょう。自分で進められる部分は進めながらも、他部署からも情報を集めたり、デザイナーにビジュアルを発注したりと社内外の人を巻き込みつつプレゼン資料を作っていきます。

その時もし、一週間後までに返事が来る「だろう」、これくらいのクオリティで仕上げてくる「だろう」と何となくの予測で進めてしまったとしたら、一週間経っても返事がない・仕上がってきたデザインが良くなくて直さなければいけないといった「見込み外れ」が相次いで起こるリスクがあります。当初の予定からの大幅の遅れややり直しをリカバリーできず、結果的に締め切りをオーバーしてしまうわけです。

なぜこのようなことが起きるのか。それは「他人のスケジュール感覚は読めない」という前提と「余白を見込む」という意識が欠けているからだと思います。

誰かに仕事の一部を頼む時、自分と同じスケジュール感覚で臨んでくれるとは限りません。あらかじめプロジェクトの重要性や温度感を共有することも大切ですし、もし約束した期限に遅れた場合や提出してもらったものに修正を入れることになったとしても大丈夫な「余白」も見込んでおくことが必要です。

そのために僕がやっていることとしては、関係者に本当の締め切りよりも「前倒しして期限を伝える」ということ。他人を巻き込んでの仕事をする際は、万が一何かあった時のための余白期間を加味した上で期限設定をするのが大切ですね。

■本当の締め切りを無かったことにし、隙間時間を活用する

僕自身の仕事術として大切にしていることの一つに、締め切り一週間前倒しルールというものがあります。簡単に言えば、本当の締切を一旦「無かったこと」にし、それより一週間以上前に新しい自分の締め切りを設定するというものです。

例えば、一カ月後が締め切りの案件は「三週間後」を締め切りとしてカレンダーなどに登録する。といったように。仮に期限がもっと短い案件の場合でも、数日は前倒しして締め切りを再設定します。

なぜそこまでするのかというと、期限に間に合わせるためという目的以前に、実は僕自身が「手元にボールがあると気持ち悪くなる」という個性を持っていまして、誰かから依頼されたこと（ボール）を抱えずに極力早く手放したい気持ちが強いのです。グループウェアやスマホアプリでの通知ボタンはゼロにしないと気が済まないですし、未開封や返信が

必要なメール、電話の折り返しなども一日の終わりまでに極力ゼロにします。

そんな自分の個性に締め切り前倒しというやり方が合っていたので、結果的に確実に締め切りを守るスタイルを確立できました。

もう一つ大切なのは「隙間時間の活用」です。自分の一日の予定や動きを細かく分解してみると、予定と予定の間や行動の最中に「隙間時間」が存在しています。

例えば、オフィスから商談先への移動時間やミーティング終わりから次のミーティングまでの時間、双方向ではない一方的なセミナー参加時間など。身体は動かしているけど目や耳が空いていたり、耳は使っているけど手と目が空いていたりしませんか。

僕はそういうちょっとした時間で「二分以内で終わる」仕事をどんどん片付けるようにしています。具体的にはグループウェアに届いている通知の確認と返信、メールチェックと返信、電話のコールバックなど、一つ一つは小さくてすぐ対応できるけれど漏らしてしまうと大きなトラブルになってしまうような仕事。それこそ溜めてしまうと漏れが発生する可能性が高くなるので、発生する都度隙間時間で対応します。

結果として、細かい雑務に追われる時間や漏れによるトラブルが減り、大きな仕事に集中できるようになります。

このように自ら締め切りを前倒しして隙間時間の活用と掛け合わせることで、締め切りに追われることなく、確実に約束した期限を守れるようになり、ナンバー2として大切な、メンバーとの信頼関係醸成に繋がります。

「小さな約束を守れない人に、大きな仕事は任せない」。信頼関係を築く上で「約束と納期を守ること」はとても大切です。具体的に約束を守るためのコツとしては「他人にタスクを振る際には予め余白を見込む」ことと「本当の締め切りより前に自分締め切りを設ける」ことをおすすめします。

新しい仕事は守破離の流れを大切に

■恩師から教わった守破離という価値観

社会人二年目にして、広告宣伝部門の担当となり、会社の顔として対外的に人と接するようになった僕。今でこそ、新入社員研修の講師としてマインドセットやビジネスマナーについてお話しさせて頂く機会もあるのですが、当時はしっかりとしたマナーや商道徳などビジネスパーソンとして知っておくべき基本も理解できていませんでした。

本を買って読んだり、人から聞いたりしながら自分なりの形を作って仕事をしていたのですが、お客様や取引先の方にご迷惑をおかけしてしまうこともしばしば。そんな僕を見かねて、またもや僕の恩師である専務が声をかけてくれました。

「新しいことを始める時は常に守破離の流れに沿ってやりなさい」

守破離という言葉を初めて聞いた僕に恩師は丁寧に説明してくれました。守破離とは、日本の伝統文化において重要視されてきた哲学的な考え方で、芸術や武道にはじまり、生活に至るまであらゆる分野において用いられてきた概念。

「守」とは、伝統や師匠の教えを守り、正しく継承すること。
「破」とは、伝統や師匠の教えを超え、新しいものを創造すること。
「離」とは、自己の技能や思考を自由自在に操ることができるようになること。

新しく立ち上げたばかりの部署で奮闘する僕には基本的なマナーを教えてくれる上司がおらず、ベースの型がない中で、なんとなく我流で日々をこなしていました。つまり、いきなり「離」になってしまっていたのです。

まずは基本的なやり方や型をしっかり学び、自分自身のベースの技術や知識を高めることが重要で、それができるようになってからケースに合わせた対応など自分自身の状況に合わせた応用をしていく。本当の意味での自分流を表現するのは応用までできるようになったあとで。

最初にビジネスマナーで実践してみて納得した守破離の価値観は、その後僕がどんな仕事においても新しいことに挑戦する時に流れを崩さないように常に意識する軸になっています。

■我流が本流を超えられない理由

「守破離」を実践するようになると、新しい仕事でも比較的スムーズに軌道に乗せることができるので今でも新人や部下教育の際には必ず伝えるようにしているのですが、中にはどうしても「自分流」に強いこだわりを持ってしまう人もいます。

過去のやり方にこだわらず、自分なりのスタイルを確立すること自体は大切だと思います。僕自身もどちらかと言えば、自分流で自由にやりたい方なのでその気持ち自体はとても理解できます。

でも、ただ基礎がない中で自分なりのやり方を追求しても、元々からある基礎的なやり方「本流」を越えることはなかなか難しいのが現実です。なぜなら、本流とは多くの人々が共有してきたスタイルで、そのスタイルは長年の経験や実績に基づいて成り立っているから。

実際、我流が本流を超えられないのには、以下のような理由があると考えます。

❶基礎が弱い：正しいやり方や知識も含めての基礎が不十分なので、高度な技術を習得するに至れない。

❷情報が偏る：自己流で学ぶと、正しい情報にアクセスできているかどうかもわからないため、結果として正しい方法を知ることができない。

❸自己評価が高すぎる：自分流を過剰に評価してしまうと、改善の必要性を認めなくなり、自己成長が止まってしまう。

❹独自のアイデアにこだわりすぎる：自分のアイデアにこだわりすぎると、他の人のやり方や技術に興味を持たなくなるため、新しい知識や技術を習得する機会を失ってしまう。
❺練習不足：正しい方法や知識に基づいた練習を怠っているため、技術的にも成長が止まってしまう。

仮に個人的に生み出したやり方が自分に合っているとしても、これまでのやり方を一度学んで知った上で自分のやり方と比較することや、過度に自己評価を高くしすぎずに「まだまだ改善の余地がある」と進化の可能性を残しておくことが大切だと思います。

■基礎から教わり生まれる共通体験が良い組織を創る

ナンバー2として組織創りに取り組む際にも「守破離」の価値観を組織に浸透させることで得られるメリットがあります。

例えば、僕が広告宣伝部門の責任者をしていたとき、トップから隣の部署の残業時間が多すぎるので立て直すよう命じられたことがありました。

隣の部署は行政に提出する書類を作成する事務の部署で、これまで僕がやってきた経験とは全く異なる仕事を担当していたのですが、マネージャーとして兼任することに。

このシチュエーション、皆さんだったらどうしますか。

部下から状況をヒアリングして課題を洗い出し、仮説を立てて改善策を進めていく。あくまで管理職としての役割に集中し、部下の視点を中心に改善に取り掛かる。そんなやり方もあると思います。

僕はというと配属になったその日から、その部署の一番若手のスタッフの隣に席を置いて彼が担当している最も基本的な仕事を教えてもらいながら一緒にやるようにしました。

一週間ほどで習得したら、今度はまた隣のスタッフの仕事を教えてもらいながら一緒に進める。そのまた隣の……というように一カ月くらいかけて、その部署の現場業務の全てを自分もできるようにしたのです。すると、その部署のメンバー達が次々と仕事の相談に来るようになり、一緒に飲みに行きたいと誘ってくれるようになりました。

ただ上から指示するのではなく、同じ目線で現場に立ち「守」から始めることで、メンバーとの間に同じ仕事ができるという「共通体験」が生まれ、一丸となって部署の課題に取り組むことができるようになったのです。

結果、メンバー全員が月に一人あたり60時間の残業をしていたこの部署は、半年後に残業時間を一桁台にまで下げることができました。

新しい仕事を始めるときには、自分なりに学んで我流で進めることもできますが、周りの人達と学び合いながら進めることで大きなメリットが生まれます。それは、共に基礎から学ぶことで、共通体験が生まれ、同じ感覚や言葉を共有することができ、コミュニケーションが円滑になることでチームワークや協調性も養うことができるから。

プレイヤーとしてはもちろん、ナンバー2として組織を創る際にも「守破離」の価値観を大切に。守から生まれる「共通体験」は、風通しの良い組織を作るための基盤となっていきます。

新しい仕事を始める際は「守破離」の流れを大切に。いずれ自分のスタイルを確立することは必要ですが、基礎がない中で個性をだそうとしても時間がかかり、むしろ成長が遅くなりがちです。こうした基礎から始める姿勢はナンバー2としてメンバーとの信頼関係を創る上でも基盤となります。

適切な期待値コントロールで相手も自分も幸せにする

■他人からの評価は期待値との比較で決まる

社会人となって数年後の二十代半ば、管理職へと昇進して部下を持ち、採用や人事にも絡むようになった僕は「評価をする側」の立場に回ってみて気づいたことがありました。

仕事とは「誰かに必要とされる」こと。自分がどんなにできていると思っていても、他人が認めてくれなければ価値になりません。評価とはあくまで他人がするものである、という事実です。

では実際のところ他人からの評価はどのようにして決まるものなのでしょうか。

売上目標がいくらと決まっていて、それに対してどれだけ売り上げたかのように数字ではっきりわかる定量的な指標であればそこに評価者の主観が入り込む余地はありません。

ただ、窓口や事務等バックオフィス系の業務などでは定量的な指標を設けることが難しいため、自分で立てた目標と振り返りをベースに上司が定性的に評価をするようなケースが多いです。この場合は評価者である上司の主観によって部下の評価が左右されることになります。

この時ポイントとなるのは、上司が被評価者の部下に対して事前にどの程度の「期待値」を持っているのか。あまり期待していなかった部下Aさんが思った以上に仕事をした時、一方で期待していた部下Bさんが Aさんと同程度の仕事ぶりだった場合に、Aさんの評価の方が高くなってしまうケースが起こりがちです。

これは人事評価に限らずビジネスにおいても同様です。

顧客の事前期待値を煽った割に実際の商品が期待値に見合わなければ評価は実際以上に低くなり、それほど広告やブランディングにコストをかけず期待値が高まっていなかった商品が実際の品質が一定以上だったことで高評価の口コミがつき一気に大人気商品になることもあります。

いずれもポイントとなるのは評価する人が事前にどの程度の期待を寄せているか。その「事前期待値」と現実との比較により人からの評価は左右されるのです。

■期待値もフィーも上げない方が幸せになれる

僕は独立前から複業家として複数の企業にて人事顧問のお仕事を受けてきました。

ありがたいことにこれまで一度も営業らしい営業をしたことがなく、いずれのお仕事もご紹介や普段の活動を通じて出会った人の繋がりの中から生まれています。

まだ法人化する前の一人の頃、五社以上同時に掛け持っていたのですが、当時は自分の仕事の話をすると「よくそんなに同時に回せますね！」と言われていました。僕は全てのクライアントと労働時間でのコミットを約束していなかったので、このような働き方ができていたのです。

例えば「毎日三時間・週十五時間ウチの仕事をしてください」という契約だったとして、それで五社受けたら「一日十五時間労働」になってしまいます。当然そんな働き方はできませんよね。

当時の僕の仕事の受け方は「ビジョンを軸にした成果コミット×言い値」というものでした。労働時間で契約するのではなく、クライアントのビジョンが叶う組織を創ることにコミットし、そのためのアクションを提案しながら主体的に動いていく契約形態だったのです。

とはいえ、普通はどれくらい稼働してくれるのかわかりやすく時間で測りたくなってしまうものです。だから僕は、初年度のフィーを相手の言い値で受けるようにしました。

「言い値で契約なんてしたら安く買い叩かれるでしょ」

この話をするといつもそう言われます。実際その通りなのかもしれません。でも僕はそれで良いと思っています。

その理由は大きく二つあります。

一つは「言い値」であれば相手の期待値が低くなるから。

仮に僕が最初から「月三十万円」でフィーを提示したとしましょう。三十万円ともなると一人フルタイムの正社員を雇える金額です。その金額を払って時間縛りなしで成果にコミットとなれば、毎月どれだけの成果を出してくれるのかと期待値は高くなるはずです。もし、実際の成果が相手の期待値に満たなければ「せめて時間契約にしてほしい」とすぐになるでしょう。僕自身も精神的に追い込まれる場面が出てくると思います。

それが相手の言い値で「月十万円」だったとしたら。無理せずお試しで払えると相手が判断した範囲の中で、アルバイトを一人雇うくらいのコストに見合う以上の成果を出してくれればいいなと思ってもらえます。一つのアクションや経営者との壁打ち一回でも、アルバイト一人分以上の期待値を超える成果を出すことはできるので、相手にとっても僕にとってもストレスがない契約になるのです。

「でもそれだと儲からないでしょ」とも言われるのですが、二つ目の理由がそこにあります。

そもそも僕は「一社から月五十万円をもらうのに何十年もかけて出世競争をするより、

五社から月十万円ずつもらった方が嬉しい」という発想で複業を始めました。要は何億円も稼ぐようなビジネスをしたいと思って複業を始めたのではなく、幾つかの好きな経営者や好きな組織の夢を叶えるために横断しながら楽しく働き、細く長く付き合っていきたいというスタイルです。

なので、最初は相手の言い値でかなり安い金額からスタートしたとしても、その言い値の期待値を越える成果を出し続けることで、一年後の契約更新時には僕から値上げ交渉することなく「ごめん、さすがに安すぎたわ」とクライアント側からの申し出でフィーを上げて頂くことができています。

期待値を上げずに期待値以上の成果をだす。その方がお互いに幸せなんじゃないかと思います。

仕事とは「誰かに必要とされること」。他者からの評価にどう向き合うかは大切です。自分を大きく見せることで短期的には利益を得られるかもしれませんが、相手の期待値は高まり、ギャップが起きた際に関係性が崩れます。それよりも期待値を上げずに期待値以上の成果を出す方が長期的にお互い幸せになれるのでオススメです。

組織創りは正しい事実の把握から始まる

■組織創りにマニュアルはない

組織創りはどんな企業・自治体においても、常に何かしらの課題が存在し、事業を進めていく上で必ず向き合うことになるテーマです。

僕自身、コミュニティやイベントなど様々な場面で経営者や人事部署の方とお会いする機会があるのですが、自己紹介をしながらお話ししていると、ほとんどの方から「組織創りで悩んでいる」とご相談を頂きます。

皆さん本を読んだり、セミナーに出たり、先輩経営者から話を聞いたりと色々勉強しているものの、自分達の組織創りには活かせていないとのこと。

なぜそうなってしまうのかというと、組織創りには定型的なマニュアルが存在しないのです。どんな組織にも時間をかけて培われてきた独自の文化や価値観があり、所属するメンバーの背景や個性は一人一人異なります。

僕自身、これまで様々な組織で働いてきましたが、その組織のとある部署や業務に合わせたマニュアルを整備することはできても、同じマニュアルを他の組織に適用することはできないし、まして組織創り自体をマニュアル化することはできませんでした。

組織の状況は生き物のように日々変化しています。事業を取り巻く環境は自社だけではなく、顧客や競合他社などの動きによっても変わります。また、社内のメンバーも入れ替わりがあり、結婚や出産などライフイベントに伴って価値観や生活スタイルも変化していきます。

そんな中、経営者やナンバー2は組織創りを進めていかなくてはならないわけですが、大切なのはマニュアル化しようとするよりも、現場で働くメンバーとコミュニケーションをとりながら、都度現在の自組織の特性や抱える問題点を見極め、柔軟に対応していくことかと思います。

また、組織創りは経営側からの一方的な努力ではうまくいきません。メンバー一人一人が自分も組織創りに関わっている一員だという自覚を持って行動することが求められます。その中で、共に考え、経験と知識を共有し、理解し合うことでチーム一丸となって作り上げていく必要があります。

緻密に計画されたマニュアルに従うというよりも、自分達の感覚を共有し磨き合いながら、自組織が最もパフォーマンスを発揮できる環境や条件を整えていく。組織創りとは時に創造性や独創性も求められる難しい仕事だと感じます。

■正しい事実をより多く把握することが出発点

では決まったマニュアルはないものの、実際どのようにして自分達の組織に合った環境や条件を創っていけばいいのでしょうか。

組織創りの出発点として押さえておきたいのは、組織の現在地を正確に把握することです。経営者やナンバー2の視点・思い込みだけで組織創りを進めるとほぼ必ず失敗します。まずは経営の視点・中間層の視点、現場からの視点など多角的な視点から正しい現状・事実を情報収集して把握し、全体をある程度正確に俯瞰できる状態をつくりましょう。

必要な情報を得るためには、現場で働く人々との対話が大切です。そして、対話をする時は客観的な事実を優先しましょう。

メンバーから情報収集をしていると、時にはメンバー自身の感情や主観による不満や愚痴などを聞く場面も起こるはずです。それ自体はメンバー同士の関係性など組織内のコミュニケーションの流れを把握するために活かせる大切な情報なのですが、そのまま受け取るのではなく、他のメンバーからの情報と掛け合わせて客観的に正しい事実として把握することを意識しましょう。

こうした事実の把握が、組織創りの土台を作ることに繋がります。正しい事実をもとに、組織の強みや課題を明確にすることで、次のステップへと進むことができます。

■小さな現実の積み重ねが大きなビジョン実現に繋がる

組織創りにおいては、大きなビジョンや目標を持つことはもちろん大切です。しかし、その実現には日々の現場での小さな現実（アクション）の積み重ねが欠かせません。

例えば、顧客からの声を汲み取れるような日報の工夫、朝礼での一分間スピーチ、昼ごはんをメンバーで一緒に食べる機会をつくる、互いにありがとうと伝え合えるサンクスカード、社内報やグループウェアで離れた拠点にいるメンバーの挑戦を取り上げる、ビジョンや目標達成に紐づく評価制度、小さなすれ違いを汲み取る面談など、できることはたくさんあります。

大切なのは、組織のコミュニケーションが円滑になるように、一人ひとりが意識して声を掛け合ったり、自社の価値観に合った形で悩みや問題を共有し合ったりしやすい環境や仕組みを創ることです。

僕自身の経験でも、組織の成長を支える原動力は、メンバーが日々の業務やコミュニケーションで得た小さな気付きや改善点を着実に事業に反映していくプロセスの積み重ねでした。

その積み重ねによって、顧客との接点がより良い形へと進化し、自組織の強みも明確化して強化されていき、業績向上につながることはもちろん、さらなる大きな目標へ挑める組織へと進化していくのだと思います。

組織創りは、決して一朝一夕に完成するものではありません。まずはメンバーみんなが見ている現実を取りまとめ、正しい現状把握をして課題を洗い出すこと。その上で小さなアクションを現場からコツコツ積み重ねていく。そのプロセスは決して容易なものではありません。ただ、その困難さはナンバー２やメンバーのやりがいや成長の源にもなります。メンバー一人一人が組織創りを「自分事」として捉えられるようにマインドセットを進め、互いが学びの姿勢を持ち続けることができれば、メンバーの成長サイクルが醸成され、組織全体の成長にも繋がっていきます。

互いに刺激し合い、成長し合い、ビジョン実現を叶えられる最高の組織を創り上げていきましょう。

組織創りには決まった正解がないだけにその悩みも尽きません。生き物のように変化し続ける組織をより良く導いていくためにナンバー2はメンバーとの対話から正確な事実を把握する必要があります。正しい現状把握を土台に、正しい課題認識を持ち、小さな改善アクションを皆で積み重ねていくことが大切です。

緊急かつ重要な仕事を減らすのは、緊急じゃないけど重要な仕事

■「緊急」に振り回されがちな私達

組織創り支援で様々な企業やチームの中に入っていると「常に目の前の仕事に追われている」という問題を抱えているケースによく出会います。それはどこか特定の部署や個人の場合もあれば、経営者も幹部もメンバーも全員が降ってくる仕事を処理するだけで精一杯になってしまっていることもあります。

私達は日々働いていく中で様々なタスクや仕事に取り囲まれていて、中でも緊急性が高く、即座に対応しなければならないような仕事に囚われてしまうことは少なくありません。

例えば、顧客や取引先からの急ぎのリクエスト、上司からの急な指示、トラブルシューティングなど、優先度が高く、即座に対応しなければならない仕事は山積みです。

実際、皆さんもご自身または所属している組織が抱えているタスク・仕事を図のような

すでしょうか。

「緊急と重要のマトリックス」に整理してみてください。どの領域が一番多くなっていま

問題を抱えている組織ほど、Aの「緊急かつ重要」とCの「緊急だが重要じゃない」にほとんどのパワーをかけているケースが多く、これらの緊急なことに追われ振り回されているうちに、結果として本来重要な仕事が後回しになってしまうことが多くなります。

そして、組織としてこの状態を放置し続けていると、遅かれ早かれ組織の存続に関わるような大きなトラブルに直面することになってしまいます。

■緊急じゃないけど重要なことは未来への投資

緊急または、緊急かつ重要な仕事に対処することはもちろん大切なことですが、同時にBの「重要だが緊急じゃない」仕事にも意識的に取り組むことが必要です。なぜなら、重要だが緊急じゃない仕事には「未来への投資」という側面があるからです。

未来への投資とは、将来的に自分や組織が成し遂げたい理想や達成したい目標に向けて、より叶う確率を高める準備をすることです。

例えば個人であれば、仕事上でのスキルを高める勉強や新しいビジネスのアイデアを考

える時間、自己啓発書を読むこと、運動や筋トレなど健康管理に努めることなど。組織であれば、システムや仕組みの導入による業務効率化、社内外での研修、理念やビジョンの見える化、チームビルディングのための合宿や交流会などが挙げられます。

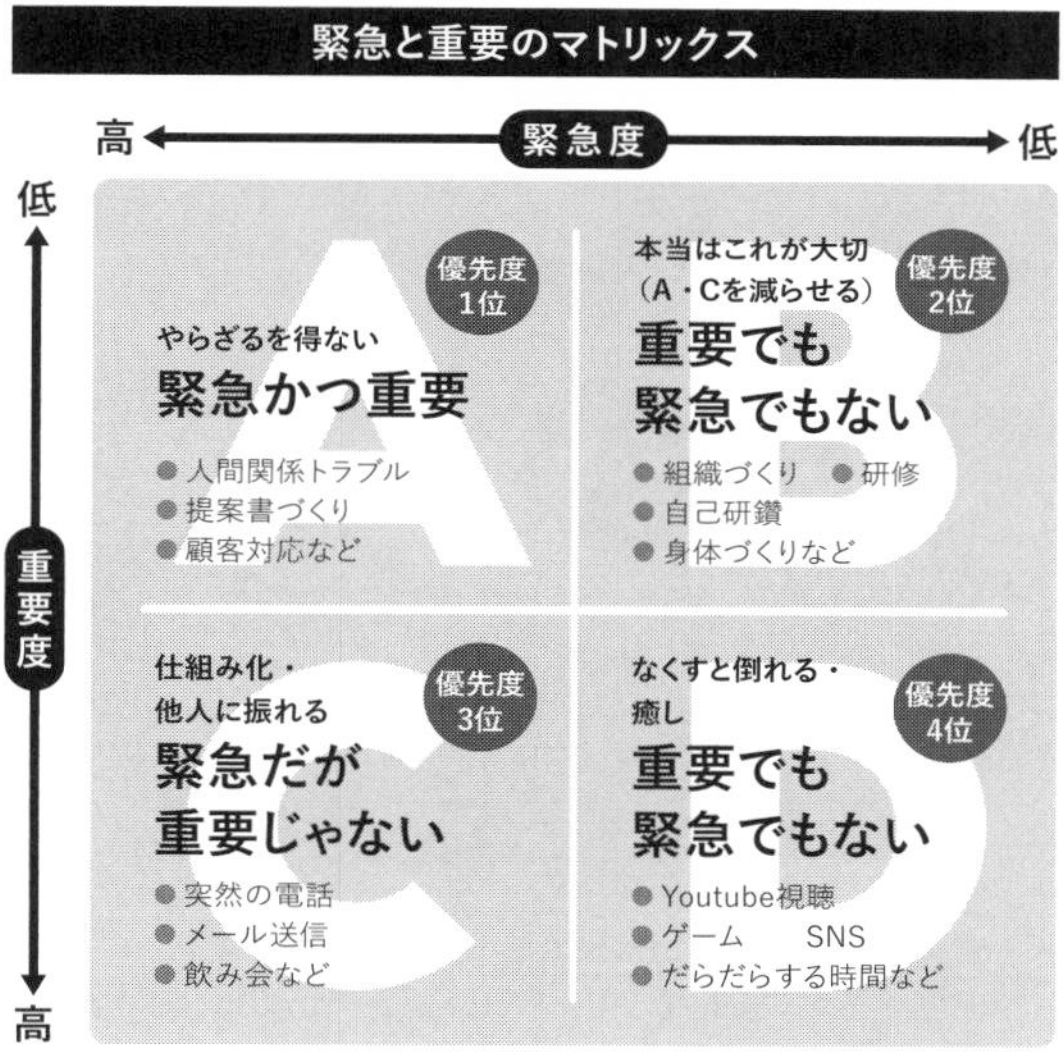

確かに緊急かつ重要な仕事は、目先の売上・利益を確保するために行う必要がありますが、ただそれに追われているだけでは、現状維持のままになってしまいます。自身または自組織が同じことをし続けていたとしても周囲の人や他社など取り巻く環境はどんどん変化し続けています。周りが変化・成長していく中で自分達が同じことをし続けていたら、気づけばいつの間にか取り残されてしまっていた、なんてことにもなりかねないですよね。現状維持は維持ではなく、衰退の入口です。

大切なのは、今現在の状況では緊急性は低くても個人や組織にとって重要なタスク・仕事に意識的に取り組んでいくことが、結果として「緊急」のゾーンを減らし未来に繋がる投資だと捉えること。

メンバーの自己研鑽や研修はスキルアップに繋がり、システムや仕組みの導入によって業務を効率化、チームビルディングによってメンバーのモチベーションアップや連携強化からの生産性向上・離職防止など様々なプラスに繋がり、緊急なタスク・仕事に追われない組織へと進化させることができます。

■未来へ投資できる状況作りをしよう

とはいえ、そもそも目の前の仕事が忙しすぎて未来に投資する時間を確保できないという方も多いのではないでしょうか。最後に、どのようにして緊急かつ重要な仕事を減らし、未来へ投資できる状況をつくっていくのか僕が実践してきた三つの方法をご紹介します。

緊急性の低い重要な仕事に取り組むためには、まずは仕組みを整えることが大切です。それはシステムを入れるような大きな投資はもちろん、ほんの小さな効率化の積み重ねでも可能です。

例えば、SlackやNotion、Googleカレンダー・ドライブなどで情報共有のスピードを上げたり、情報を整理・どこにいても引き出せる状況を作ったりと無料で取り入れられるツールの活用や、毎日のように何度も送ることが多いメッセージを都度打つのではなくテンプレート化してコピー・ペーストだけで済むようにする、手書きをやめて共有しやすいドキュメントやスプレッドシートに移行する、報告だけの会議を廃止し各々のタイミングで見られるようにするなど、今すぐ実行できることはたくさんあります。

こうした業務の効率化や改善に繋がる取り組みを継続的に行うことで、徐々に緊急じゃないけど重要な仕事に取り組める時間が増え、緊急な仕事の削減に繋がるでしょう。

次に、何でも自分一人で抱えずに周囲のメンバーにも適切に仕事を振ること。特に、自分じゃなくても誰でもできる仕事と緊急性の低い仕事は、チーム全体で分担し、皆で協力して取り組むことで効果的に進められます。

僕自身もかつては全てを自分で抱え込み、他人に仕事を振ることができませんでした。今思えばある種の「保身」だったんだろうなと感じます。仲間であるメンバーを心から信頼することができず、何かあった時に自分が責任を取るという覚悟ができていなかった。

しかし、自分一人でできる仕事なんてたかが知れています。一人に与えられている時間はどんなに寝ずに働いたとしても一日二十四時間が限界です。そこに同じビジョンや目標を共有した仲間と一緒に取り組むことができれば、一日に使える時間が何十倍にもなります。

まずは自分から相手を信頼すること。それができるようになってから僕自身が出せるパフォーマンスもチームとして上げられる成果もより大きくなっていきました。

ナンバー2の視点でも、メンバーに仕事を振ることで、自身が抱える仕事の負担を軽減し、自分にしかできない未来への投資に専念できるようになるほか、自分だけでなく、他のメンバーにも責任や役割を分担させることで、メンバーが成長する機会にもなり、組織全体のパフォーマンス向上に繋がります。組織を支えるコアメンバーであればあるほど他者に仕事を振れるかどうかは大切だといえます。

三つ目は仕事の取捨選択。本当に重要なものに集中するためには、あえて不要なものを削ぎ落とす必要があります。

自分達の組織を客観的に見渡してみてください。「昔からそうだったから」というだけで続けている時代遅れのルールや書類作成・仕事の進め方といった、過去の成功体験にとらわれた価値観・考え方が意外と様々なところに残っていませんか。

よくあるケースとしては、別に決裁を必要とするほどのことでもないものに毎回作成している稟議書や決裁者が多すぎる問題、現場レベルで判断できるようなことを経営者にまで確認をしている、似たような帳票を複数の部署で作成している、といった事例ですね。

こうした必要のない資料作成などの無駄な業務や無駄に冗長なプロセス・不必要な伝統を見直すことで、緊急じゃないが重要な仕事にかける時間とリソースの確保が可能となります。

組織のナンバー2は、経営からも現場からも様々な要望が集まりやすく、緊急かつ重要な仕事に追われるポジションになりがちですが、自身が本来果たすべき役割を全うするためにも緊急じゃなく重要な仕事にも着目することが求められます。

そのために最も重要なのは、限られた時間をいかに効率的に使えるか。自分自身はもちろん組織としても優先順位を決め、必要な仕事を優先して取り組むことで、緊急かつ重要な仕事をこなすことと、緊急性は低いけれども重要な仕事を怠らないことを両立することができます。

また、定期的に優先順位を見直すことで、自分自身が適切に時間を使っているかどうかを確認するのも大切ですね。

仕組み化、他人に振る、取捨選択という三つのアプローチを活用し、未来への投資を積極的に行っていくことで、組織の成長や発展に寄与し、ビジョン実現が叶う組織を創っていきましょう。

「緊急」な仕事に振り回され続けている組織は、現状維持のつもりが衰退している現実に気づいていない。それは未来への投資ができていないから。制度設計や人材育成など、一見緊急ではないが重要度が高い仕事へいかに時間を割けるか。まずはナンバー2自身が仕組み化・他者に振る・取捨選択を行ない、余白を作ることが大切です。

変えられることに集中し、変えられないことに振り回されない

■多くの人の悩みには共通点がある

仕事柄、社内のメンバーからの相談や求職者のキャリア面談、学生からの就活相談など、年間を通じて数百人の方とお話しする機会があるのですが、じっくり傾聴していると時にはその方の人生のコアな部分についての悩み相談になっていくことがあります。

社内であれば仕事や人間関係、求職者の方では転居や家族、学生さんなら親や恋人の話のように話の方向性はそれぞれ異なるのですが、いずれも共通点があるように感じます。

ここに八つの言葉を並べてみました。これらを二つのグループに分けるとしたら皆さんならどのように分けますか。

対になりそうな言葉を選んでいくとグループに分けること自体はできますね。ではそれ

ぞれのグループ内の言葉に共通することとはなんでしょうか。

それは「変えられるもの」と「変えられないもの」です。

自分は変えられるけど、他人は変えられない。

思考は変えられるけど、感情は湧き上がるものなので変えられない。

行動は変えられるけど、生理現象は変えられない。

未来は変えられるけど、過去は変えられない。

多くの人が抱えている悩みの共通点。それは大抵の場合、「変えられないこと」について心を痛め、悩んでいるということです。

例えば、仕事でのストレスを感じている場合、上司や同僚が嫌い、仕事がつまらない、過去に失敗したことを悔いているなど、いずれも変えられないことに対する悩みで心を痛めている人が多いように感じます。

■変えられないことをどんなに憂いても意味がない

本人は深刻に悩んでいるので親身になって聞いてあげることはできても、その原因が「変えられない」ことなのであれば結局解消することはできないので僕自身も心苦しくなったりもします。

実際、変えられないことについてどれだけ悩んでいても未来はありません。

例えば、上司や同僚が苦手だったとしても、相手を変えることはできない。また、パートナーや子供が自分の望むように振る舞ってくれないことについて悩んだところで、彼らを変えることはできない。このように自分自身が変えることができない事象について、悩んだり怒ったりして心を乱すことは、ただただ自分自身を苦しめるだけでしかないのです。つまり、変えられないことをどんなに憂いても意味がない。では、どうすればよいのでしょうか？

それは「変えられること」に集中し、「変えられないこと」に振り回されないこと。

例えば、仕事でのストレスを感じている場合、自分自身のアクションでどうすればそのストレスを減らすことができるのかを考えてみることが大切です。自分自身ができることとして、仕事のやり方を変えてみる、自分のこれまでの考え方を一度疑ってみる、チームメンバーと自分から進んでコミュニケーションを取ってみることなどが挙げられます。

家庭生活の悩みであっても同様で、自分自身がアクションできる「変えられること」に集中することが大切です。例えば、パートナーとの時間をつくって一緒に過ごしたり、子供達とコミュニケーションを取ったりするようにしてみてはどうでしょうか。

これらはいずれも、誰かの指図ではなく自分自身の意思で変えられることであり、行動

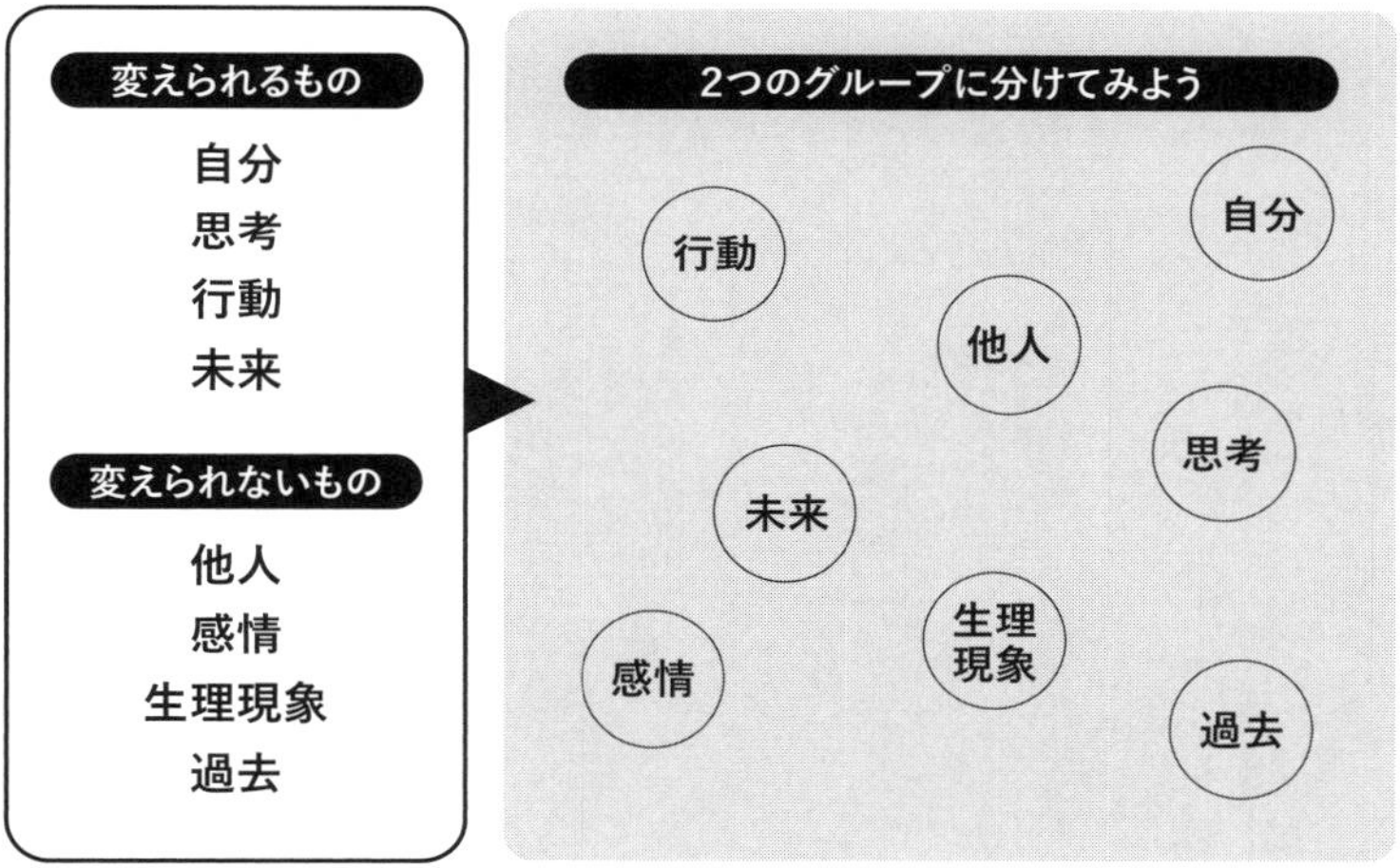

することで小さくとも変化が目に見えることからストレスの軽減に繋がります。

実際僕自身も元々は細かいことを気にするタイプで、かつ周囲の人の表情や心の動きの機微に敏感なため、上司や友人、パートナーなどあらゆる人間関係で相手のことが気になってしまい、それに合わせるように行動して空回ってしまったり、本来の自分と違うことをして相手に誤ったイメージを植え付けてしまったりと悩み続けてきました。

ただ、ある日恩師よりこの「変えられる」「変えられない」の話を聞いてから、自分自身が変えることができないことについては、良い意味であきらめることが肝心だと思えるようになりました。

■自分の思考と行動に集中し、未来を選択する

では、人生にまつわる様々な悩みに振り回されないためには、どうすればよいのでしょうか？

自分自身の思考と行動に集中し、過去に固執せず未来を選択する。そのためにはまず自分の状況を客観的に把握するのが大切です。自分の組織内・周囲の人達との間での立ち位置や影響力、得意なことと苦手なこと、好いてくれている人や苦手な人。自分自身の状況を客観的に把握することで、自分自身が動いて変えられることと、変えられないことをはっきり仕分けして理解しましょう。

その上で自分自身が変えられることであれば、どうありたいのか、その「未来像」をイメージし、具体的な目標を設定、まずは実際に行動を起こしてみることが大切です。

例えば、上司との仕事上でのストレスを軽減したいのであれば、自分自身がストレスを感じている原因はどこにあるのかを特定し、それに対し自分が動いて変化を生み出せる部分がどこで、いつまでにやってみるのか具体的に期日も含めて考えてみるといったように。

最後に。自分自身が変えられることに集中し、変えられないことに振り回されないことは、自己成長を促しストレス軽減になるだけでなく、幸福感にも繋がります。心理学においても「三つの基本欲求」が満たされているとき、人は動機付けられ、生産的になり、幸

福を感じると言われています。

三つの基本欲求とは「自己選択」「能力発揮」「他者との繋がり」。「自己選択」とはまさに自分で未来を選択するということで、他人に自分の人生の選択を握らせず自分で決めることができる環境があることでストレスは少なく、自身の「能力が発揮」されると成果が上がり、「他者との繋がり」も円滑になっていくことで幸福感に繋がっていきます。

ナンバー2は経営からも現場からも期待や要望が寄せられ、板挟みになりやすいポジションです。悩みを抱える場面も多いのですが、そんな時は「変えられること」に集中し「変えられないこと」に振り回されないようにすることで、ポジティブに未来を選択し、自身の成長とともに組織全体の目標達成に繋げていきましょう。

過去や他人など「変えられないこと」に対して悩んでいる人は多い。その事実を受け入れて、自分が「変えられること」に集中するとストレスの軽減につながります。まずは自身の立ち位置や影響力などを客観的に把握し、「どうありたいのか」の未来像をイメージした上で具体的な目標を立てて行動していくのが大切です。

「いかにして楽ができるか」を考え続ける

■楽をする＝悪という誤解

僕には学生時代からずっと思っている疑問があります。それは、この国はなぜ「楽をする＝悪」という雰囲気が強いのか、ということです。

一社目のアミューズメント企業に勤めていた時、最初は一人で全社の広告宣伝を担当していたので、チラシや広告に加えて、各店舗の店内に掲示するポスターに至るまで全てを一人でやらなくてはならず、今の時代では考えられないほどの残業と休日出勤をせざるを得ない状況でした。

仕事自体は自分がやりたいことだったし、楽しいので心が折れることはなかったのですが、その後部下を付けてもらい正式に部署となった際に、部下には同じ苦労をさせたくないと思いシステムを入れたり、エクセルなどを用いたりして業務効率化を推し進めていくと周囲にある変化が。

めちゃめちゃ残業していた時期は周囲の上司達から「お前、頑張ってるな！」などと応援され、何かミスがあった時も「あれだけ頑張ってるんだからそういうこともあるよね」と擁護してくれていたのが、業務効率化を進め、定時で上がれる日も出てくるようになると「最近サボってるんじゃないか」と言われ、ミスがあった時にも「ちゃんとやってないから」と叩かれるように。

もちろん仕事の質は下がっておらず、会社に請求する残業代も大幅に減っているのにも関わらずなぜか怠け者・悪者というラベルを貼られたことが理解できませんでした。

確かに一生懸命頑張ることや努力を積み重ねることは大切だと思います。僕自身もひたすら仕事に熱中し、コツコツ努力をした時期があったから今の自分があると感じているので。

ただこの国では、自分の義務や責任を果たすために何十時間も残業し、休日も出勤して、大きな苦労やストレスを抱えてでも一生懸命働くことが美徳とされる空気が強く根付いています。それと同時に楽をすることは悪と見なされることがあります。

しかし、僕自身人事の仕事をするようになってみて、残業とは決して頑張った証などではなく「給料泥棒の証拠」なんだとみんなが思うくらいにならなければ、この国の生産性は高まっていかないんだろうなと強く感じました。

手を抜くという意味ではなく、業務効率を上げて成果の質を下げずに楽をすることは悪であるどころか、みんなが健康で幸福な生活を送るために大切なことだと思います。また、目の前の仕事に追われることなく余白があることは、創造性を高めるためにも重要です。ストレスを感じない状態でいることで、頭脳がクリアになり、より創造的なアイデアや解決策を生み出すことができる。つまり、楽をすることは、メンバーにとっては余暇の確保や自己成長に繋がり、組織にとっても生産性向上とコストダウンに繋がる重要なポイントだと言えます。

■自分にしかできない仕事に集中する

僕は今、約十社のクライアントといくつかの地方自治体にて人事顧問を務めています。普段の暮らしは北海道に置きながら、東京や関西圏、九州など組織と地域を横断して働く日々。

こういう働き方をしていると周囲からよく「どうやったらそんなに同時に何社も受けられるものなの？」と聞かれることが多いです。時には「何十時間働いてるの？　大丈夫？」とご心配を頂く場面もあるくらいなのですが、実際僕の勤務時間は一般的な会社員と同様で一日八時間ほど。土日はしっかり休んでいます。

じゃあ何か特別なことをしているかというとそういうわけではなく、シンプルに効率化を徹底しているというだけです。その上で「いかにして楽ができるか」をいつも考えています。

僕が徹底的に効率化を進めている理由は自分が使える時間を極力「自分にしかできない仕事」に集中させるためです。

自分にしかできない仕事とは、専門的なスキルや経験、知識、自分独自の繋がりなどを活かす仕事のことです。そのような仕事に意識的に取り組んでいくことで、自分自身の専門性を高めることができ、より効率的に楽ができるようになっていきます。

実際、自分じゃないとできない仕事以外のある程度誰でもできる作業などは、外部のツールや自動化などの手段を活用すれば、大幅に時間や労力を削減できます。

例えば、日々のタスク管理や進捗管理などは、効率的に行うためのツールやサービスが多数存在します。また、離れた人とのやり取りでもグループウェアなどのコミュニケーションツールの導入によって、お互い直接会わずに非同期でも仕事を進められるようになり、業務プロセスを効率化することができます。

こうしたツールを使いこなせるかどうかで、自身がかけた時間に対して出せる成果＝生産性は大きく変わりますし、結果としてプライベートの時間がどれくらい確保できるかも変わります。

■ナンバー2が薦めたい効率化&時短ツール

前述した通り、最近では業務を効率化・時短できるツールは多数存在しています。ここからは僕がナンバー2視点でおすすめしたいツールをご紹介していきますね。

タスク管理ツール

タスク管理ツールは、業務プロセスを見える化し効率化するためのツールです。例えば、Trello（トレロ）やAsana（アサナ）などは、個人だけではなくチームでのタスクの管理や進捗状況の確認が容易になるため、時間やストレスを削減することができます。個人的にはTrelloが使いやすいなと感じています。

コミュニケーションツール

コミュニケーションツールは、社内はもちろん社外の関係者とも、地域が離れていたとしてもコミュニケーションを効率化できるツールです。例えば、Slack（スラック）やChatwork（チャットワーク）などは、リアルタイムでのコミュニケーションや情報共有が容易になるため、業務のスピードアップにつながります。慣れの問題もあるかと思いますが、個人的にはSlack一択です。

音声入力ツール

音声入力ツールは、文章を打つ際に音声認識技術を利用し、手間や時間を削減するツールです。例えば、Googleドキュメントの音声入力を使えばマイクを使って話すだけで文章を作成することができ、会議の議事録作成などにも応用ができます。

AIツール

最近一気に注目度が上がっているのはAIツール。AIに指示を出すことで、文章や画像・動画の制作を自動的にしてくれるというものです。まだ正確性や精度に難があることもありますが、上手く使いこなしていけば文章を作る仕事などの工数は大幅に削減できます。代表的なものはChatGPTですね。

総合型ツール

これまでいくつかのツールをご紹介してきましたが、最後はこれらの機能ほぼ全てを網羅しているオールインワンなツールとしてNotion（ノーション）をおすすめします。

Notionはメモやタスク管理、データベースなどさまざまな機能を一元的に使うことができるクラウド型の万能アプリで、パソコンでもスマホで同期して使うことができるほか、最近はAI機能も搭載され、日々バージョンアップが続いています。タスク管理、メモ、ドキュメント管理、リストの作成などは全て完結できます。

僕が実際にどのようなツールを組み合わせて業務効率化をしているかと言うと、以下のような形です。

スケジュール管理：Googleカレンダー
外部と共有・共同編集するドキュメントやファイルの保管・共有：Googleドライブ
社内・クライアント各社とのコミュニケーション：Slack
タスク管理・営業資料の管理など：Notion
文章作成・編集サポート：ChatGPT

これらのツールを活用していくことで、楽をするための手段が大幅に増え、自分自身の専門性を高めるための時間や労力をより多く確保することができます。
ナンバー2としては組織でツールを利用した効率化と時短に取り組むことで、メンバー全員の生産性が高まり、成果を生むアクションに使える時間が増やせるため、結果的には業績の向上にも繋がります。

「楽をする＝悪」ではない。楽をする＝自身の生産性を高めることは余暇の確保はもちろん、勉強や自己研鑽など未来へ投資するためにも大切です。既存のツールを活かした時間効率アップの方法はたくさんあります。これらを使いこなし「自分にしかできない仕事」に集中することが自身の価値を高めることにも繋がります。

第4章

No.2の武器となる コミュニケーション術

組織内の人間関係を円滑に保ち
最大のパフォーマンスを引き出す。
そんなNo.2の武器となるのが人の心を動かす
コミュニケーション術です。

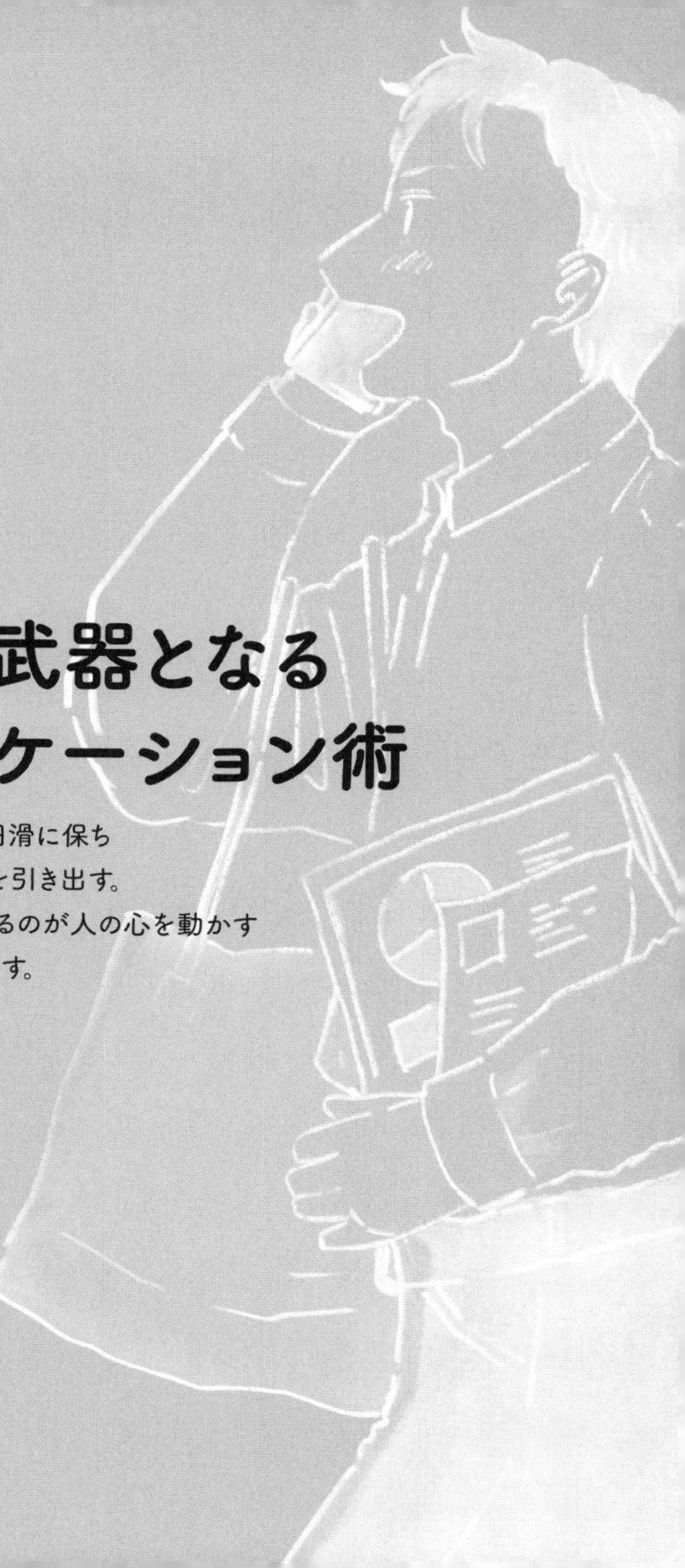

素直に、率直に、ポジティブに

■仕事の場面で好き・嫌いを意識する組織は成果が出ない

とあるプロジェクトの会議で、みんなの意見がまとまりかけているのにもかかわらず、「○○さんのやり方ではうまくいくはずがない！」とひとり反対意見を主張し続ける人がいました。

うまくいかないと考える根拠を聞くと、小さなエラーの可能性を大きく見せてデメリットを並べ、これまでのやり方を変えたくないと主張。変えたくない理由については「昔からそうやってきたから」とか「それはうちの社風に合わない」とのことでした。

この彼が反対する本当の理由は、新しいアイデアの良し悪しではなく、アイデアを出した発案者に対する彼の個人的な「嫌い」という感情によるものだったのです。

皆さんは職場でこのような場面に遭遇したことはありませんか。僕自身、若手時代に特定の上司から目をつけられ、似たような経験をしたことがありました。

その上司は社歴が長く同社内での経験が豊富で会社を支えてきた自負を持っていることもあってか、次々と新しいアイデアを出し、過去のやり方を改善・変えていこうとする僕に対して「生意気だ」と周囲に漏らしていました。

そんなある日、その上司の部署が新しいプロジェクトを担当することに。彼の部下達はこれまでやったことのないテーマに対して丁寧に下調べをし、アイデアを練り上げていきました。

しかし、上司にできあがったプランを提案したところ全否定されたとのこと。その理由は「好きじゃない」「これまでの考え方と違う」「やったことがない」といった感情的なもので部下達は次のアクションが起こせず困惑してしまいます。

その上司は自身の経験と視点が自分の行動を縛りつけ、新たな可能性を閉ざしていることに気づいていなかったのです。結果、部下達は行き詰まってしまいチームはバラバラとなり、プロジェクトは立ち行かなくなってしまいました。

自分の好き嫌い、過去の成功体験や失敗体験に囚われて、合理的な判断や新しい可能性を排除するのは組織にとって大きなマイナスです。どんなに豊富な経験を持っている人でも、その経験が他人の意見や新しいアイデアを封じてしまうのであれば、それは組織全体の足かせになるでしょう。

■全ては「組織の成功」のために。互いに明るく率直に。

前述の上司のように自分の好き嫌いやプライドを優先させてしまう人に足りていないことは何か。それは「自分事」の範囲が狭いということです。

自分が評価されたい、褒められたい、傷つきたくない。このように「自分自身がどうありたいか」が全ての言動の判断基準になっているため、部下や同僚、組織や会社のことよりも自分を優先させてしまう。ましてや、組織の中で影響力が大きい管理職がこのような価値観ではチームに求められている成果も上がらなくなってしまいます。

僕らは何のために働くのでしょうか。その「仕事観」は人によって様々です。お金のため、出世のため、成長のためなど、様々な価値観の人が集い、同じ組織・プロジェクトで協働するのが組織。ただ、仕事観が違ったとしても全員にとって共通のゴールがあります。それは「組織の成功」です。

報酬がもらえるのも、出世するのも、自身の成長に繋がるのも、その組織が成果を挙げて存続し続けていることがベースになります。もし大元の組織が無くなってしまうと、個々人の望みも叶わなくなってしまいますよね。なので、その組織で働く全員が「組織が成功するために」という範囲までを「自分事」だと思えるかが大切です。

そのためには組織の内部での感情論による内輪揉めや足の引っ張り合いは無意味であり、みんなが気持ちよく仕事ができる環境をお互いに創っていけるかが鍵となります。

僕自身これまで様々な組織を見てきた経験から思うのは、感情論による内輪揉めや足の引っ張り合いが起こる理由の多くは「未知の恐怖」によるものでした。

その「未知」はお互いのことを知らないという「コミュニケーション不足」や、仕事をする上で必要な情報が一部に偏ったり過度に秘匿されていたりといった「情報の不透明性」によって起こります。

ナンバー2が組織創りをする上では、相互理解の促進や情報の透明化について仕組みを整えることが必要であるのと同時に、メンバー同士がお互いに明るく、率直に、素直にコミュニケーションを取り合えるカルチャー醸成が大切となります。

そうした仕組みとカルチャーが醸成されれば、メンバーが一丸となって「組織の成功」を自分事として捉えて動けるようになり、結果として組織全体の業績や成果の向上にも繋がるでしょう。

■役に立たないアドバイスの見分け方

ところで、こうした組織創りを様々な企業や自治体に入り込んで進めていると若手から「上司に相談しても意味がなくて困っている」という声を聞くことが多いのと同時に、管理職層からも「部下に相談された時どのように答えればいいか迷う」といった悩みを相談されることがあります。

そこで、これまで僕が聞いてきた中で感じた「役に立たないアドバイスの共通点」を五つ挙げてみたいと思います。

一つ目は一般的すぎること。

具体的な内容が含まれていないアドバイスは、実際の現場で役に立たない場合が多いです。例えば、「もっと努力して頑張ろう」や「もっと効率的にやろう」などは、行動に反映できる具体的な方法が明示されていないため、部下が困ってしまいます。

二つ目は実績や経験に基づいていないこと。

アドバイスに自身の経験や実績を紐付けられていない場合、的外れなものになってしまいがちです。部下からしても実際にその経験や実績がある人からのアドバイスのほうが、より信頼性があり、役にたつ可能性が高くなります。

三つめは個々の事情・状況を考慮していないこと。

仮に自身が経験したことがあると感じた相談でも、自分の時とは同じ状況や背景・制約条件なのかどうかを確認した上でアドバイスするのが大切です。アドバイスが一般論で、個々の能力、状況、環境を考慮していない場合、実際の現場では役に立たない可能性があります。

四つ目は不明瞭なアドバイスであること。

「まあ、まずやってみたらいいんじゃない」「うん、いいと思うよ」のようにアドバイスが曖昧で、何を指しているのかが不明瞭な場合、相談した意味が無くなってしまいます。結局自分が相談した内容についてそのままオウム返しされて「いいんじゃない」と追認されても何も状況は変わりません。

五つ目は情報源の信頼性がないこと。

その人が専門家でない場合や、その人自身が成功していない分野のアドバイスなどは疑問を持つべきです。そもそもアドバイスを求める人の人選が誤っている可能性があります。

つまり、相談する側は事前にアドバイスを求めようと思う人の属性や経験などについてある程度下調べをしておくことが大切。もし、する側になる場合はその人の状況を正確に把握した上でアドバイスをする、自分自身の経験からは良いアドバイスができないと感じたらそのことを率直に伝えるのがお互いに無駄な時間を過ごさないためにも大切ですね。

影響力を持つ人が自身の好き嫌いや主観で判断し、新しい可能性を否定する組織に未来はありません。その原因は「自分事」の範囲が狭いから。自分さえ良ければいい、ではなく組織の発展までを自分事と捉えられる人をいかに増やせるか。そのためにナンバー2が取り組むべきは、同僚同士が素直に・率直に・ポジティブでいられる環境創りです。

気遣いのつもりが実質一択にならないように

■自分にとって友人でも相手がそうとは限らない

「〇〇さんの私への距離感が近すぎてどう対応していいか……」

ある日後輩と飲んでいた時に、困っていると打ち明けられた相談。それは僕よりも年上で、後輩からすると二十歳以上年上にあたる共通の知人Aさんについての悩みでした。

地元の異業種交流会で知り合ったというAさん、知り合った当初こそ敬語で紳士的だったのが、イベントや飲み会などで数回会ううちに気づいたらタメ口・呼び捨てになっていたそう。大先輩だし仕方がないよな……と思っていたところ、その次にイベント後の打ち上げで顔を合わせ、たまたま席が隣になった時に言われた言葉にびっくり。

「遠慮しなくていいから、タメ口で話しなよ」

別に悪い人じゃないけど、そこまで好きってわけでもなく、プライベートで連絡取るわけでもない距離感の年上の人にタメ口を要求されて、どう対応していいかわからなくて悩んでいるとのことでした。

確かにAさんは僕から見てもとてもフランクで自然体な感じであるものの、後輩が困るのもよくわかるなーと思った僕は別な機会でAさんにお会いした際にコミュニケーションのスタンスについて聞いてみました。

すると「自分は年齢とか関係ないと思っているから、誰にだってフラットに接したい」とのことで、「自分が友人だと思った人」にはタメ口でいいよと伝えているそう。

僕自身も個人的にはあまり年齢は気にしないし、二十代の友人も多く、実際にタメ口混じりで会話し合う歳の離れた友人がいるので気持ちはわからなくはないものの、今回の場合は「相手は友人だと思っていない」のが厄介なところ。

ただ、後輩は真剣に困っていたので、Aさんに「誰に対しても敬語という形でフラットな人もいると思うし、自分も以前それで意図せず相手に迷惑をかけてしまったことがあるんですよねー」とやんわり伝えたところ、後輩へのタメ口強要は収まるに至りました。

先輩側としては「良かれと思って」フランクに接したつもりが、後輩にとっては一方的な気持ちの押し付けとなり困惑してしまう。実はこうしたケースは組織内での人間関係トラブルの原因としてもよく耳にします。

■二択のつもりが実質一択の罠

自分の立場が上の時のコミュニケーションとして気をつけたいことの一つに「選択肢の提示の仕方」があります。

例えば、新しく始まるプロジェクトをチームで受けることになり、そのプロジェクトリーダーを誰にしようか決めなくてはならない場面。上司が普段から目をかけている後輩Aにぜひ経験させたいという思いを持ちつつ、命令はしたくないので本人に選択させようとこんな声をかけました。

「やるか、やらないか、選んでいいよ」

「やりたいです！」と後輩Aが元気に答えてくれたのでプロジェクトリーダーを任せてみたところ……。三カ月後、後輩Aは精神を病んで会社に来なくなり、最終的に退職する羽目に。上司からすると「選ばせてあげたのになんで」と思うかもしれません。でも、本当に「選べた」のでしょうか。

上記と似たようなコミュニケーションの齟齬は組織内の様々な場面で散見されます。

「できるの？できないの？　どっち？」

「別に来なくても大丈夫だけど、どうする？　来る？　来ない？」

「締切に間に合うの？　間に合わない？」

上司としては命令ではなく、部下の意志を尊重したいという思いで選択肢を提示しているつもりかもしれません。でも、部下の立場になって考えてみましょう。

「できるの？　できないの？」と上司に聞かれたとき、内心「できないな」と思っていたとしても、できないとは言えないと感じる人が多いと思います。つまり、表向き選択肢を与えられているようでも部下にとっては実質一択なのです。

なぜそう感じるのかと言うと、上司が自身の昇給や昇格などへ影響力を持つ「評価者」であるケースが多いからです。

上司はその選択の回答によって部下を評価しようと思っていなかったとしても、「評価できる立場にあるという事実」が部下にとって心理的安全性が失われる原因となり、「上司が望む回答しかできない」という状況を生み出してしまいます。

ましてや、組織のナンバー2からこのような選択を突きつけられたら多くのメンバーが不安に感じてしまうという可能性をあらかじめ自覚しておくことが大切です。

対処としては、実質一択に聞こえるような選択肢を提示する前に「あなたはどうしたい？」「このプロジェクトを進めるとした時の不安点は？」のような会話で意志の確認や不安払拭をしてあげることや、評価に直結しない旨を明言した上で選ばせる（それでも普段の信頼関係次第では疑念を持たれる可能性はある）といった気遣いが必要だと感じます。

■上下・利害関係がある相手には慎重に接する

自分はフラットでオープンマインドなスタンスなので、相手に素直で率直な自分で接したい。その気持ち自体は素敵なことだと思います。

ただ、一定以上の立場のビジネスパーソンには、自分自身が組織の内外でどのような立ち位置なのか、相手からどう見られているか、といった相手との関係性への留意と客観的な視点を持つことがどうしても必要です。

実際、僕自身もこれまで他者との関係性で何度も失敗を重ねてきました。

二十代の頃、自分より年上の取引先の方々と一緒にプライベートでも定期的に飲み会を行なっていました。「蕎麦好きが集う会」として、幹事は持ち回りで自分の好きな呑める蕎麦屋をセッティングし、蕎麦屋で飲んだ後にカラオケに流れるのが定番で毎回とても盛り上がっていたのですが、ある時、取引先の上司の方から「勘弁して欲しい」という苦情が入りました。

僕自身はその方に友人として接していたつもりだったのですが、相手からすると歳下ではあるもののクライアントの責任者なので「仕事上、断れなかった」とのこと。

また別のケースでも、たまたま知り合った歳下の人と意気投合して仲の良い友人のつもりで日常的に連絡し交流していたら「アドバイスをもらいたい人ではあるけど、プライベートで仲良くしたいわけではない」とある時切り出されたこともありました。

いずれも事実を伝えられた時はとても傷付きました。

でも、たしかに相手の視点になって考えてみると、年齢の上下や組織・コミュニティでの上下関係、仕事でのクライアントと取引先という利害関係がある前提でフラットな関係性を築くこと自体にそもそも無理があり、自分がパワーバランスで上の場合は相手の立場を考えて慎重に接する必要があります。

社会人になってから友達を作るのって大変ですね（笑）。今はお互いに年齢や立場などを意識することなく、仕事上のやり取りもない、趣味や価値観の繋がりから仲良くなった人の中で友達が何人かできました。普段から時折遊んだりしつつ、結果的に後から一緒にお仕事するようにもなり良い関係性を築けています。

組織のナンバー2には社内外へ及ぼす一定以上の影響力と権限が集まります。本来の自分の気持ちやスタンスは大事にしつつも、自身の立場を客観的に自覚した上での振る舞いや他者との関係性を築くことが大切ですね。

「良かれと思って」組織内での人間関係トラブルで加害者側がよく言うこと。「できる？　できない？　どっちでもいいよ」と一見自由に選ばせてあげているように見えるこの投げかけも、自身の立場が上な場合、相手にとっては実質一択となります。特にナンバー2は社内外への影響力が大きい立場。自身の立場を客観視しつつ関係性を築くことが大切です。

叱られたくないセンサーは危険なサイン

■社会人一年目が陥りやすいダメな報告とは

仕事に就いたばかりの新社会人にとって、陥りやすい課題の一つといえば「報告がうまくできない」こと。

まだ仕事のペースも掴めていない新人にとって、仕事を進める上では上司や先輩への報告は欠かせません。そんな時になぜか自分の行動や結果を正確に伝えられず、部分的な情報や誤解を招く可能性のある情報を提供してしまう「ダメ報告」。なぜ「ダメ報告」が起きてしまうのでしょうか。

実は僕自身も新入社員の頃に報告の仕方がわからず何度も失敗し叱られてきました。

自分は学生時代に複数のアルバイトを経験してきたこともあり、働くということ自体には慣れていて要領が良い方でした。同期よりも比較的仕事覚えが早く、先輩と仲良くもなり、次の新しい仕事として他社視察を教えてもらうことに。これだけ聞くと一見、順風満帆な新社会人生活に思えるかもしれません。

そんなある日、事件がおきました。上司に教えてもらった他社視察に行った際に必ず押さえるべきポイントを失念し、戻ってきてから確認し忘れたことに気づいたのですが、その点に触れず自身の所感を書いて報告書を出してしまったのです。

報告書を読んだ上司はその違和感に気付き、「○○はどうだった？」と聞いてきました。そこで僕は確認し忘れたことを伝えず「恐らく○○だと思います！」と答えると、「お前の意見は聞いてないんだよ！」と上司は大激怒してしまいました。

このように新社会人が陥りやすいダメ報告にはいくつかのパターンがあります。

一つ目は事実と想像が混在してしまうパターン。

社会人として働き始めたばかりの新人は、上司へ報告する際にどの程度詳細な情報を提供すべきなのかについて誤解してしまいがちです。報告を簡略化したほうがいいと良かれと思って、実は重要な情報を省略してしまったり、具体的な数字などの事実を抜きにして自分の気持ちや想像を入れてしまったりすることがあります。結果として、上司や同僚が現状や課題の全体像を正しく把握できなくなってしまいます。

二つ目は報告が遅延してしまうパターン。

新社会人にとっての入社一年目は社内の上司や同僚、お客様の顔と名前を一致させるところから始まり、全てがやったことのない初めてのことだらけです。仕事を覚えることや顧客対応などに追われ、何か問題が発生したときにすぐに上司に報告することが抜けてしまうことがあります。問題は時間が経てば経つほど大きくなっていく可能性が高いため、マイナスな報告ほど即報告することが重要です。

三つめは解決策の提案不足になってしまうパターン。

「自分はまだ新人だから」そういった自己認識から報告を行う際に、問題点の指摘だけに終始し、どのように解決するのかの提案を行わないことがあります。確かに経験が足りていないうちに解決策を提案することは不安かもしれないですが、一度自分で考えてみて、その自分の視点を上司の解決策と比べることで成長に繋がる気付きを得られるので、このような態度は自ら成長の機会を棒に振っているとも言えます。

四つ目は無責任な態度をとってしまうパターン。

叱られたくないという思いから、ミスや失敗の原因を他人や環境のせいにするような報告は、周囲からの信頼を失ってしまい、いずれは社内に自身の居場所が無くなるリスクに繋がります。誰でも失敗することはあります。まずは自身のミスを素直に認め、その責任を負うという態度を示すことが重要です。

五つ目が情報の整理不足というパターン。

「結論を先に」というのは新入社員が上司からよく指摘されるポイントの一つ。報告に慣れていないために思いついた順または時系列で起きた順に話してしまい、結論がどうなのか、要点がいくつあるのかが最後まで聞かないと伝わらない報告をしてしまい聞き手が混乱してしまうケースは多いと感じます。報告の際には情報を適切に整理して、重要なポイントを強調することが重要です。

■叱られたくないセンサーが情報を曲げてしまう

前述した新入社員時代の僕のケース、今思い出してもそりゃ怒られるよなという大失敗なのですが、当時の僕はなぜ上司へ素直にミスを伝えられなかったのでしょうか。

「できない奴だと思われそう」

「評価されなくなってしまいそう」

「責任ある仕事を任せてもらえなくなる」

失敗を上司に報告することで、これまで積み上げた全てを失ってしまうという恐怖から「叱られたくないセンサー」が働き、真実を報告することを避けてしまっていた自分。

僕は泣きながら当時の上司に自身が抱えている恐怖について伝えると、上司はこう諭してくれました。

「失敗したことは変えられない現実なんだから、情報をねじ曲げるのはやめてくれないか。俺は事実を知りたいだけだ。事実が明らかになれば現時点で最適な対応を取ることができる。そして、それは早ければ早いほど、上司がカバーできる確率は高まり、結果的に良い状況をつくることだってできる。

ただ、事実が伝わるのが遅くなれば、大変なトラブルに発展し自分ではもうカバーできず、さらに上の上司、最悪は会社として対応しなくてはならない大ごとになってしまうこともあり得るから。」

上司の言葉に、いかに自分が浅はかで自己中心的だったのかと思い知り、恥じました。僕は報告の際に自身の恐怖感が先行してしまい、何か失敗したら厳しい指導が待っている、失望されるという恐怖から逃れるために、無意識のうちに事実をぼかしたり、情報をねじ曲げたりしてしまっていたのです。

むしろ真実を隠すことの方が、自身の信頼を損なうことはもちろん、組織全体の意思決定やリスク管理にとっても大きなマイナスとなることに当時の自分は想像が及んでいませんでした。

誰もが仕事で失敗し叱られることは恐いものです。

だからといって、報告の際に事実をねじ曲げたり隠したりしてはいけないと僕はこの失敗を機に心に刻みました。

正しい報告の仕方を学ぶことは組織の一員として働く人にとって、それが良いことでも悪いことであっても各々が共通の目標に向かって行動した事実を他のメンバーと共有し、互いに支え合える風土をつくることに繋がります。

組織のナンバー2としてもメンバーが「叱られたくないセンサー」を働かせて事実を隠してしまうような風土にしないためにも、組織として失敗をどう取り扱うのか、上司が報告に何を望んでいるのかについてメンバーにしっかり伝えていくことが大切です。

■上司や顧客が知りたいのは「事実」だけ

新入社員時代の反省を経て、起きたことをできるだけ早く・率直に報告するようになった結果、何かミスを起こした時にも上司や会社からの支援を得ることができるようになりました。

その後、僕自身も多くの部下を抱えるナンバー2の立場になってみてわかったのは、部下がミスをした際にまず考えるのは追及ではないということ。組織やチームを守るためにもミスが起きた背景などを、正確な事実から正しく把握したいという思いがまず先に出てくるのです。

ミスやトラブルへの正しい対処は起きている問題を正しく認識することから始まります。

問題とは、現状と本来あるべき姿とのギャップ。そのため、まずは現状を正しく把握しなくては問題の設定を誤りかねません。そのためには部下の報告から得られる情報が肝となるわけです。

前述した新入社員が陥りがちなダメな報告のパターンにおいても、報告の遅延や無責任な態度はもちろん良くないのですが、上司がマネジメントをする上で最も障害となるのは一つ目にご紹介した「事実と想像の混在」です。

部下の気持ちとしては少しでもソフトに上司に伝わってほしいという思いから、色んな形容詞や曖昧表現（ちょっと・少し・まあまあ・多分など）をつけたり、起きてもいないことをさも起きたかのように報告に盛り込んでしまったりしがちです。

どこが「事実」でどこが部下の「創作」なのかがわからない報告は上司の現状把握を狂わせ、結果として問題の認識がずれ、対処策も的外れなものとなってしまうのです。

さらに恐ろしいのは上司に対して誤った報告をしてしまう部下は顧客に対しても誤った対応をしてしまいかねないということ。

顧客とのやり取りにおいてミスがあり、クレームが入ったとして、その際にもし自己保身から事実と想像が混在した受け応えをしてしまったら、やがて会社を揺るがす大きなトラブルに発展してしまうでしょう。

そのような事態にならないためにもナンバー2は組織内でメンバーが事実を率直に伝えられる風土づくりをする必要があります。

具体的には、失敗を詰めるのではなく失敗を活かす、愚痴や不満を封じるのではなく愚痴や不満に案をつけて提案にする、のようなマインドセットを通じて共通の目標を叶えるための言動であれば自由に発言していいんだという心理的安全性を組織に根付かせていけるかがポイントだと思います。

その上で正しい報告の仕方として「事実をありのままに伝え、そこに感情や推察を混ぜない」ことをみんなができるようになれば、組織内で流通する情報の透明性が高まり、信頼関係の醸成や業務効率化にも繋がります。結果として社内で無駄なトラブルが減り、業績や成果の向上が叶う組織へと進化していくはずです。

ミスや失敗をした際「叱られたくないセンサー」が働き、事実を捻じ曲げた報告をしてしまった部下。上司にとっては早く正確に事実を把握することができればミスをカバーしやすいので素直な報告をして欲しい。そのギャップを埋めるためには必要なのはナンバー2が「心理的安全性」ある組織を創れるかどうか。その上で報告の際に「事実をありのままに伝え、感情や推察を混ぜない」ことを組織内に浸透させていくのが大切です。

正義感が湧き上がってきた時こそ冷静に

■正しさを追い求め、孤立した過去

新入社員時代、僕は毎日のように直属の上司に噛みついていました。

というのも、自分はどんどん新しいことに挑戦して会社を変えていきたいという意欲を持っていたのに対して、上司はどちらかというと「事なかれ主義」でこれまでのやり方を続けていくのが良いというタイプだったので、チャンスがあっても挑戦しないし、何事もいかに無難に終わらせるかを考えているように感じ、いつもイライラしていました。

当時の自分は総務部に所属しつつも広告宣伝を担当しており、実質的には社長直下のような状態だったのもあり、組織図上では上司である総務課長のことを自分の上司だとは思っていませんでした。だから尚更「なぜこの人が自分の上司扱いで、課長ポジションなんだ」という疑問を日々抱きながら仕事をしていたのです。

そんなある日、社長より本社の各管理職・管理職候補に「よりみんなが働きやすく、残業時間を短くできる組織創りのアイデア」を出すように指示が。「これはチャンスだ！」僕はそう思い、今まで溜まっていた鬱憤を吐き出すかのように改革案を考えてまとめました。

会議にルールを設定したり、回数を減らしたり、新しい情報共有ツールを導入したり……。ですが、社内ルール上、上司を経由して提出する必要があるため、渋々ながら総務課長に案を出したところ翌日課長から「これは社長には出せない」と突き返されてしまいました。理由を聞くと「お前の考えはあまりに劇薬すぎる。もう少しバランスをとりながら一つずつ順を追ってやった方がいい」とのこと。

そんな保守的な考えだから社長はみんなに改革案を出すように指示したんじゃないかと、僕は呆れてしまいました。この人の相手をしているのは時間の無駄だと思った僕は、社長に取り合ってもらうために、周囲の同僚達に休憩室で案を話し、他の部署の部長・課長達にも突撃して案を話してまわりました。

同世代の若手社員達には喜んでくれる人もおり、好感触を得た僕は「自分は正しいことを提案している！だからみんな支持してくれるはず！」と、自分の正義を信じて疑いませんでした。

翌日、僕は部課長の幹部会議に呼ばれていました。課長以上しか出席できないこの会議に主任だった僕が呼ばれるのは異例のこと。なんと、僕の発言や立ち振る舞いに問題があるとして議題に設定されたのです。

社内の決裁ルールを無視している、何のための会議かも把握せずただ減らすと言っている、無責任な妄言だ……、部課長達から次々と飛び交う反感と反論。怒声が飛び交う中、「ああ、こんな人達になんか話さなきゃ良かった。直接社長に飛び込むべきだったか」と心の中で思っていたのですが、ひとり冷静にフィードバックをしてくれたのが本部長でした。それは僕が提案した中にある「役割の再配分」についての指摘。

「目線が短期的すぎる。長期的な育成と会社の成長に寄与することを視野に様々な仕事を経験させるための配置であって、必ずしも今の個人の得意不得意に合わせる必要はない。むしろ可能性を狭め、会社の成長に対しても妨げになってしまいかねない案だよ。」

僕はみんなが総合職として色んな部署に配転されている中、個性を発揮できない部署に配属されている人がいて可哀想だと感じ、適所に異動するべきという案を出していたのですが、その浅はかさに愕然としました。自分一人の視野で自分が正しいと思うことを振りかざした結果、いつの間にか周囲から孤立してしまっていたのです。

僕は自身の「正義」がみんなの価値観とは必ずしも一致するとは限らないということを思い知ったのと同時に、自分の正義を他者に押し付け、結果として若手と管理職達の分断をつくり出し組織を分裂させてしまいました。自分が正しいと思うことを行うことが、必ずしも組織にとって最善の道ではないことを痛感した瞬間でした。

■正義ほど危ない概念はない

「正義」とは個々人のこれまで培ってきた価値観、経験、信念に基づいて形成されるものです。そう考えると、組織において全員が同じ「正義」を共有することはとても稀と言えます。

何より恐ろしいのは誰かの心に「正義」が生まれる時には同時に「悪」という概念も生まれてしまうことです。

国同士の戦争をイメージするとわかりやすいかと思います。戦争とはどちらかが悪だというより、互いに自分の国の価値観を「正義」として、それとは異なる相手の国を「悪」だとして戦っています。

お互いに正義であり、お互いに悪なのです。結果、同じ人間同士なのに命を奪い合うという悲しい事象が起きてしまう。

組織においても同じです。ミッションやビジョンなど、なぜこの会社が存在しているのかの存在意義や、ビジネスを通じてどんな社会を叶えたい・課題を解決したいのかといった共通の目標を持つことは組織の一体感を醸成するためにも大切です。

しかし、社内でメンバーそれぞれが自分なりの正義を持って振りかざし、それに固執してしまうと組織内には断絶が生じ、人間関係の不和やコミュニケーションコストの増、マネジメントが機能しないなど混乱に繋がってしまいます。

前述した僕の経験もその一例ではありますが、実際のところ自分の正義を他人に押し付ける行為は、それ自体がある種の暴力とも言えます。ただ、正義という言葉の響きや文字の見た目イメージからも本人は「良いことをしている」気になってしまうのがまた怖いところ。それゆえに正義という概念の持つ危うさに自ら気付いている状態であることが大切だと感じます。

■正義感が湧き上がってきた時こそ冷静に

組織のナンバー2としては、正義について二つの視点で留意が必要だと考えています。まずは前述した通り、組織内に組織が目指す目標に関係のない個人の正義を掲げる人が出ていないかを観察し続けること。正義とは「強い想い」が表出したものであることから、何か大きな目標を与えられた・持っている人や社内外に対して不満を抱えている人の心の中に芽生えている可能性が高いものです。その兆候を普段のメンバーとの交流や面談などから感じ取り、マイナスに転換しないように導くことが大切です。

というのも、正義自体は必ずしも悪いものではなく、人の心を突き動かす原動力になり得るもので、扱い方によっては意欲向上や成果にも繋がります。問題は正義と共に湧き上がる敵の存在。それが他者に向いた時に人間関係が壊れ、分断が生まれてしまいます。

正義を誰かを攻撃するためのものではなく、純粋に想いを叶えたいというパワーにするように導くことがナンバー2に求められます。

もう一つは自分自身の心との向き合い方について。

ナンバー2は経営とも現場とも距離が近い立ち位置なので、そのバランスをどう取っているのかを普段の振る舞いから自然と周囲の人々はウォッチしています。あまりにも経営に近すぎると現場の代弁者としての立ち位置を失い、かといって現場と近すぎると経営から翻訳家としての信頼を失ってしまう。

そんな中、何かの機会でもし自分の心に正義感が湧き上がってきたら要注意。一歩後退して全体を見る視点を意識してみるのが大切です。

その正義感が社内外の誰かを敵とみなして湧き上がったものじゃないか、また組織が目指す方向性や、チームの価値観との整合性があるかどうかを冷静に見つめ直す時間を取ること。言い換えると、自分の正義が他者や組織にどのような影響を及ぼすかを考えてみること。

ナンバー2は社内外に対する影響力が大きく、誤った正義感を振り回してしまった時のマイナスのインパクトも大きくなるため、正義感を正しく取り扱えるかは大切なポイントになります。

正義は危険な概念であると同時に、みんなの行動を向上させる重要な原動力にもなる。その力を正しく使えるように導き、個人ではなく組織全体を向上させる行動に繋げていくことがナンバー2の役割ですね。

「正義」とは価値観、経験、信念に基づいて形成されるもの。それだけに想いは強く、盲目になりがちです。自身を客観視せず正義を他者に振りかざした時、相手は「敵」となり人間関係は崩壊します。正義感は行動するパワーにもなりますが、その想いが敵を作ろうとしていないか、組織にどんな影響を与えるか冷静に考えることが大切です。

期待は時に迷惑なものになると自覚する

■人間関係がうまくいかない時に起こりがちなこと

僕が初めて部下を失ったのは、二十代の中頃でした。

新卒で入社したパチンコ企業で広告宣伝・マーケティングの部署を一から立ち上げた僕は、広告代理店さんの力を借りてチラシや広告を全てディレクションし、各店舗内のポスターも毎週手作りしていました。入社前からやりたかった仕事だったからこそ、毎日のように朝から深夜まで働き、休みも他社調査や自己研鑽に使うなど、生活のすべてを仕事に打ち込んでいたのです。

しかし会社が急拡大し店舗が毎年のように増えていく中で、さすがに僕のマンパワーでは無理だと会社に判断され、部下を一人つけてもらえることになりました。初めての部下は「店舗で働くのが体力的に辛い」という理由で本社の僕の部署へと異動。特にマーケティングや広告宣伝に興味があるわけでもない年下の男性でした。

基礎知識も仕事も一から教えなきゃならないのか……。ただでさえ忙しいのに、部下を持つことでむしろ教える労力も増える。初めての部下を前に職務遂行と部下育成の両立をどうすればいいのかわからず困惑していました。そこで僕は彼にせっかく本社に来たんだし、本人が今後どうなっていきたいかの目標を聞いてみることにしました。

「僕も彰悟さんみたいにバリバリ働いて早く一人前になりたいです!」

そうなんだ、やる気あるじゃん! と、僕は嬉しくなりました。

その当時の自分はマネジメントのマの字も知らず、直属の部下を持ったこともなかったので、どうすれば彼の希望通り早く一人前にできるかを思案した結果、自分と同じ流れを体験させるのが一番早いと考えてしまったのです。

翌日から僕は彼に「わからない時は都度聞くように」と伝えつつ、やる気あるんだったらどんどん仕事を任せていけばいいやと、経験の有無に関わらず、どんどん仕事を下ろしていきました。当然、何の基礎知識もない中で新しい仕事に取り組むのは難しく、彼も僕と同じように朝から深夜まで休みなく働くことになります。ただ、わからないながらも一生懸命仕事に取り組んでいる彼の姿勢を見て、僕は次第に彼へ大きな期待を寄せるようになっていきました。

少し辛そうだったり、疲れていたりした時にも「これくらいでしんどいとか言っていたら早く一人前になんてなれないでしょ」という自分自身の経験を当てはめて「大丈夫!お前ならいける！」と声をかけて鼓舞し続けたのです。それに対して彼も「ありがとうございます！頑張ります！」と仕事に打ち込んでいたのもあって、当時の僕は「ウチのチームはうまくいっている」と自信を持っていました。

特に何か質問してくることもないし、言われたことはやっているみたいだから大丈夫だろう。そう思っていたある日、彼は僕が休んでいる日に社長から求められた報告書を僕への確認無しに出してしまうという大きなミスを起こしてしまいました。

「どうしてそんな勝手なことをしたんだ！」

僕はこれまで一から自分が積み上げてきた自部署への信頼が一気に失われたショックから、彼に失望し、彼を守るのではなく、社長と一緒になって彼を責めてしまいました。

バリバリ働きたいと言っていたのに。わからないことがあれば聞いてって伝えていたのに。辛くても頑張りますって言っていたのに。その日を境に僕は彼を信じることができず、大切な仕事を任せるのが怖くなり、作業的な仕事以外すべてを取り上げてしまったのです。

「正直、もうあなたの下で働くのが辛いです」

結果、彼はその半年後に体調を崩して退職を申し出てきました。僕はショックで呆然としてしまいました。

このように組織の中で人間関係が崩れる時にはあるキーワードが関連していることが多いと感じます。それは「期待」です。

■期待は時に相手にとって迷惑なもの

前述した僕のエピソードでは、僕が初めての部下に対して「どうなりたいか?」と問いかけた際に「バリバリ働いて早く一人前になりたい」と言われた言葉を鵜呑みにし、自分と同じ働き方をしたいんだ!と期待をかけてしまったことから結果部下を失うことに繋がってしまいました。

今思えば、直属の上司から「どうなっていきたいか」問われて「そこそこでいいです」なんて言えるわけもないのでそりゃ「やる気あります」と言うに決まっているし、「わからなければ聞け」と言われても四六時中忙しそうにしている上司に気軽に相談はしにくいものです。自分と相手との関係性・利害関係を客観的に見ることができていなかったことに加え、相手の表面的な言葉から一方的に「期待」してしまったことにより人間関係が崩れてしまいました。

期待とは、自分の思い通りに物事が進むことを願う心の動き。しかしその一方で、相手がそれに応えられなかった時に、失望やイライラ、あるいは怒りといった感情が湧き上がることにも繋がります。

僕は初めての部下を失ったとき、なぜこんなことが起きたのか理解できずにいました。そして、その後も何度か組織内でもプライベートでも人間関係で苦労することになります。その度に「〇〇って言っていたのに……」と、相手が口に出していた言葉に抱いた期待と、関係が崩れる際に言われた本音とのギャップに苦しみ続けてきました。

当時は自分で口に出したことを実行せず、後になってから「本当はこうだった」と真逆のことを言ってくる人達に対して人間不信になり、自分に指をさして省みることができませんでした。

しかし、ある時を境に僕は自身の過ちに気付くことになります。

それは会社が周年を機に立ち上げた新しい理念をつくるプロジェクト。幹部社員が中心となって構成されたメンバーに僕も参加させて頂きました。このプロジェクトの座長はいずれ会社を継ぐとして入社していた社長の息子。今振り返ると、僕を含め幹部メンバーは無意識に彼に高い期待を抱いていたと思います。いよいよ会社が次の世代へのバトンタッチを意識して進み始める、その中心として彼が新しい理念をつくるプロジェクトに取り組むというワクワクから、僕らはその成功を想像し、彼がどう舵取りをしてくれるのかその手腕に注目していました。

数カ月後、蓋を開けてみれば新理念プロジェクトはなかなか進まず、難局を迎えていました。「何かやってくれるだろう」そう彼に対して期待していた僕らメンバーには、失望感とイライラした雰囲気が漂っていました。

そんなある日、プロジェクト会議の合間に彼が口を開きこう言いました。

「皆さん、僕一人では無理です。助けてもらえないでしょうか。」

真剣に、でもその目は不安に満ち、どこか落ち着かない彼の姿を見て僕は気付きました。僕らの期待は彼にとって非常に大きなプレッシャーとなり、結果として彼の焦りと自信を奪うことに繋がっていたのだと。その後僕らは一旦仕切り直して役割分担をし直してプロジェクトを進め、約一年半をかけてみんなで新しい理念をつくることができました。

「期待」は時に相手にとって迷惑なものになる。過剰な期待は相手を追い詰め、相手の自由を奪い、関係を壊す原因となってしまうのです。

■他人に見返りを求めない方が人生はうまくいく

では、過剰な期待を持たずに良い人間関係を築くためにはどうすればよいのでしょうか。その答えは「他人に見返りを求めない」ことです。

僕はかつて初めての部下に対して大きな期待をかけて接し、自身と同じハードな働き方を求めた結果、心身のバランスを崩して退職するまでに追い詰めてしまいました。その背景には「彼が成長して自分を楽にしてくれるはず」という見返りを求める気持ちがあったと思います。そのほかプライベートの人間関係でも僕が「裏切られた」と感じた時は決まって相手に対して「〇〇してくれるはずだ」と見返りを求めていたからだと気付くことができました。

今、僕はかつてのような大きいストレスを抱えることなく仕事もプライベートも楽しく過ごすことができています。そうなれたのは他人に見返りを求めず「期待しない」ようになったからだと思います。


特にマネジメントスタイルへの影響は顕著に表れています。この気付きを得た以降は部下達に対しての期待を手放しました。

まずは目指すゴールについて話し合って解像度高く共有し、そこからは彼らが最適なプロセスを考えて自ら動く機会を与えるようにしています。彼らが自身の能力や個性を活かすやり方を見つけ、自分の能力を最大限発揮できるように、僕はサポートに徹するようにしました。

この変化は、僕自身と部下達にとって非常に大きな影響を与えました。まずはお互いに期待からくるストレスから解放され、部下達は自分の裁量を持って仕事に打ち込むことで成長と自己実現の可能性が広がりました。僕は上司としてすべき役割に集中できるようになり、組織に発揮する影響力も大きくなりました。結果として、チーム全体の成果と生産性も向上させることができたのです。

結局のところ、他人に対する期待は、自分自身を苦しめ、相手を縛りつけるだけです。

相手に見返りを求めず、相手が自分の力を最大限に発揮できる環境を提供することで、良好な人間関係を築くことができ、組織全体の成長や成果にも繋がるのだと思います。

組織内で人間関係が崩れる際に大きな要因となるキーワード「期待」。相手に期待することは自分の理想の押し付けでもあり、相手が応えられなかった時に失望にも繋がりかねません。特にナンバー2からの期待は部下にとって大きなプレッシャーとなります。仲間を信じて「見返りを求めず」環境創りに徹するスタンスが大切です。

飲み会よりも大切なのは接触頻度

■お酒を飲めば本音で語り合えるという勘違い

「いやー、コロナ禍で飲み会ができなくなったせいで部下の本音が聞けなくてさ」

部下が退職願を出してきたという管理職の第一声。「お酒を飲めば本音で語り合える」という考え方を持っている経営者や管理職は未だに多いように感じます。

実際先日も、とある中小企業の組織創りについて悩み相談を受けた際に社長さんから、こんな疑問を投げかけられました。

「佐藤さん、うちの部下達は飲み会では活発に話すのに、会社ではあまり意見を言わないんだよね。なぜだろう?」

確かにアルコールがその場の雰囲気を和ませる助けになることはあるでしょう。ただ、一緒にお酒を飲むことが本心を引き出せる唯一の方法であるかのように考えるのは危険ではないでしょうか。

僕自身、社長さんからこれを言われた時「むしろ昼間に会社で意見を言えない何かがあるんだろうな」と思いました。

これまでの経験から思うのは、上司が忙しそうだったり機嫌が悪かったりで相談しにくい、社内で陰口や噂話が蔓延している、強烈なトップダウンや失敗を許さない組織風土で若手層が提案できないなど、総じてこのようなケースでは組織内の「心理的安全性」を欠いている場合が多いと感じます。こうした阻害要因をお酒で解消できていると考えるのは大きな勘違いですし、お酒の力を借りないと部下と本音で語り合えないのだとしたらマネジメントに失敗しています。

仮にお酒によって壁が取り払われ、饒舌になっているように感じたとしてもそれは部下の本音というよりは一時的な心の解放に過ぎないのです。

場合によっては、飲み会が上司への忖度やゴマすりの場になっていることもあり、上司から見ると気持ち良いかもしれませんが、本音を語り合うための場として飲み会に過度に依存すると、それが逆に真実を覆い隠す結果にもなりかねません。

ではなぜ「お酒を飲めば本音で語り合える」という勘違いが起きてしまうのでしょうか。それは経営者・管理職層の怠慢に他ならないと僕は思います。

■組織創りにおいて飲み会はむしろコスパが悪い理由

前述したように飲み会を「コミュニケーションを活性化するツール」として捉える経営

者や管理職は一定数いますが、実際には多くのリスクをはらんでいます。

そのキーワードは時間とコストとリスペクトです。


これまで私が所属したことがある組織の中で毎週のように飲み会を開催する会社がありました。その会社では、毎月の飲み会に経費で数十万円、加えて参加者のプライベートな時間も費やされていました。しかし、その成果が表れるどころか、むしろ飲み会翌日のメンバーの生産性が下がり業務に悪影響が出る結果に。

さらに、経営陣や管理職層が酔っ払ってメンバーに絡んだり、無茶振りをしたり、説教が始まったりと飲み会での姿を見て部下が上司のことを尊敬できなくなっていました。

また、過去には会社での飲み会後に社員がケンカや器物破損などのトラブルを起こし、懲戒処分になるケースなども人事として経験したことがあります。


その時僕は社長にこのような提案をしてみました。

「この飲み会にかけている経費と時間を、メンバーのスキルアップやモチベーション向上のために使ってみてはどうでしょうか？」

試しに一カ月間飲み会をやめて、その分賄いを充実させ、研修を入れ、社内部活動の活動資金に回すといった策を行なってアンケートを取った結果、従業員の満足度は向上、業績も上がり、体調不良による欠勤者も減りました。

その結果を見て僕は、多大な経費を使い、時間も取られ、体調を崩し、上司部下の関係性も崩れ、場合によっては必要のない退職者を出す可能性もある飲みニケーションはコスパが悪いと思わざるを得ませんでした。

もちろん、少人数でまったりと食事とお酒を嗜みながら話すコミュニケーションによって、普段の仕事では話せない話題からの相互理解や関係性醸成に繋げられる効果もあると思いますし、僕自身もそうした場が好きなので飲み会自体を否定するつもりはありません。組織の健康を保つためにも、みんなが自己表現できるコミュニケーションの場は必要です。

ただし、飲み会がその一助となることはありますが、その全てを飲み会が担うかのように飲み会の重要性を過大評価したり、飲み会が組織創りに必要不可欠であると考えたりするのは違うかなと感じます。

経営陣や管理職がまずすべきは、飲み会に頼るのではなく、普段の業務中のコミュニケーションや打ち合わせの中でみんなが自由に発言できる環境を整えることではないでしょうか。

■信頼関係を築くにはお酒よりも接触頻度が大切

「お酒を飲めば本音で語り合える」という勘違い。それは経営者や管理職層がある意味マネジメントを放棄している怠慢ではないかと僕は考えています。

メンバーとの信頼関係を築くためには、飲み会のようなイベントでの密な接触よりも、日々の「接触頻度」が重要です。接触頻度が高ければ、自然と信頼関係が築かれていき、本音を話せる環境が生まれます。

僕が人事顧問として関わってコミュニケーションを改善したA社の例をお伝えしましょう。

A社では元々月に一度以上はみんなで飲みに行くというカルチャーがありました。最初こそ新入社員が入った時や誰かが異動になる際の壮行会、忘年会や新年会など何かしらの理由があるときに開催されていたものの、気づけば何かしらの理由をつけて毎月のように飲み会を開催するように。

A社の社長や幹部自身が飲み会好きなのもあり、飲み会によって自社のコミュニケーションが円滑で風通しが良くなっているという自負を持っていたのですが、実はその裏では飲み会に行かない人に対する「あの人付き合い悪いよね」という陰口から無理に参加する人がいたり、お酒が飲めない・飲みたくない人にとって飲み会参加が苦痛になっていたりといった問題が起きており、「飲み会がつらい・多すぎる」という理由で退職する人も年々増えていました。

そこで僕は飲み会に頼らない形での経営・幹部とメンバーとの接触頻度向上のために以

下のような幾つかの策を提案し、実際に社内に実装していきました。

まずは「社長カフェ」。年に一回、社長が全社員と一対一で三十分ほどお茶をするという取り組みです。

はじめのうちは「社長とお茶なんて緊張する……」と硬かったメンバーもいましたが、社長が今何を考え、どんな気持ちで現場を見ているのかを直接聞き、自分のことを知ってもらえる機会となり、次第にみんな社長とのカフェタイムを楽しみにするようになりました。社長とメンバーとの距離が縮まり、会議でも積極的に意見が交わされるようになったのです。

次に直属の上司ではない他部署の管理職と現場のメンバーが半年に一回、一対一で面談する機会を設けました。

現場の事情をわかっている他の部署の管理職が面談することで、メンバーにとっては具体的な仕事に対する相談もできる他、直属の上司に対する誤解があった際に同じ管理職層からの視点で誤解を解いてもらえるメリットがあります。また、管理職にとっては直属の上司からは見えない（伝わっていない）メンバーの個性を引き出し、管理職同士の横の繋がりで共有し合うことで自身のマネジメントを見つめ直すきっかけにもなります。

みんなが利用する休憩室にも一つ仕掛けを。

メンバーに食べてみたいお弁当やランチを投票してもらい、月に一回「ごちそう賄いの日」としていつもよりちょっと豪華な昼食を食べられる日を設けます。それをみんなで一緒に食べる時間を通じて役職や部署を横断したポジティブなコミュニケーションが生まれます。また、福利厚生として休憩室に自由に食べていいお菓子ボックスを設置し、休憩時間にリラックスしながら会話できる環境を整えました。

これらの策を進めたことで従来よりも社内でのコミュニケーションが活性化されたのに加え、飲み会にかけていたコストよりも安く収めることができました。

信頼関係の醸成には日々コツコツとメンバーと向き合うコミュニケーションの量が大切です。

時折やっておけばいいという飲み会頼みの行動は、ただ単にメンバーと向き合うことを避けているだけに過ぎず、マネジメントを放棄していると思います。普段からメンバーとの接触頻度が高ければ自然と信頼関係が生まれ、組織の健全性も保たれて業績にもプラスの効果が表れます。また、その一度築かれた信頼関係はお酒を飲む場所に限らず、普段の業務の中での対話を通じても維持されていくでしょう。

お酒の力を借りずに、素面で向き合う。組織のナンバー2や管理職にはまず業務時間内での健全なコミュニケーションを重ねてメンバーと信頼関係を築き、現場の声を直接引き出した上で、組織をより良くしていく具体的なアクションを起こすことが求められていると思います。

「お酒を飲めば本音で語り合える」という勘違い。それはむしろ普段は素で話せる関係性ではないことの裏返しではないでしょうか。飲み会には時間やお金というコストがかかり、場合によっては上司が失態をしてかえって信頼を失うリスクもあります。それより大切なのは日頃のコミュニケーションで「接触頻度」を多くして地道に信頼関係を築くことです。

信頼される人が無意識にしている話し方

■信頼される人の話し方には共通点がある

自身の信念というブレないスタンスを確立しながらも、他者の視点を尊重しつつ会話ができる人との仕事はとても建設的で楽しいですし、何より一緒に仕事をしていて安心感があります。僕の周囲でもパッと何人かの顔が思い浮かぶのですが、彼らのようにまわりから信頼される人には「話し方」に共通点があると思いました。

一つ目は明確さと分かりやすさ。混乱や誤解を避けるために、はっきりと、分かりやすく話しています。専門的な用語を過度に使用せず、聞き手が理解しやすいような例え話を用いて説明するので難しい話でもわかりやすく伝えることができます。

二つ目は誠実さと透明性。自分の意見や感情を率直に表現し、自分が何を考えているかを明確に相手に伝えます。また、たとえそれがマイナスなことであっても真実を隠すことなく情報を共有し、わからないことはわからないと素直に認めて周囲に教えを請うことができます。

三つめは思いやりとリスペクト。話し方はもちろん聴き方においても、信頼される人は他人の意見を尊重し、感じたことを適切にフィードバックしています。また、他人が話しているときには、その人に対する敬意を示すために、頷きや相槌を適切に交えて傾聴します。

四つ目は一貫性。話し方のスタイルや価値観が一貫していると、周囲の人々はその人を安定した人として安心して接することができます。一貫性は信頼感を生み出し、その人が自分の言葉に責任を持っていることを示すからです。

五つ目はポジティブな態度。ネガティブな態度や不満や愚痴を常に表現する人よりも、ポジティブな態度を持つ人の方が周囲の人達が話しかけやすく、プラスの影響力を発揮するので信頼されやすくなります。常にポジティブであることで、周囲の人は言いづらいことでも彼になら伝えられると感じ、フラットに情報が集まるので迅速な問題発見と解決にも繋がります。

相手が誰であってもスタンスを変えずに一定であることは周囲から信頼を勝ち得るための大切な要素です。そこに信頼される話し方が加わることで、ナンバー2としての仕事も円滑に進めることができるようになります。

■ブレないスタンスは自身を守ることにも繋がる

僕は二十五歳の時に場外馬券場で高校生と勘違いされて補導されかけたほど童顔でして、三十代後半になっても二十代中頃に見られることが多々あり、初対面でマウンティングされてしまうケースに年に数回ほど遭遇します。その度に「ああ、この人は自分の主観で相手を見て態度を変えているな」と思い、なんか残念な気持ちになります。

これは僕自身がいじめを受けていた学生時代「どうすれば目をつけられないか」という視点で相手を見て、いじめっ子の前では目立たないようにし、クラスの人気者の前では気に入られようとピエロになるなど、人によって態度を変えていた時期があったからだと思います。

学生時代の僕は、それが身を守る処世術だと思っていました。ですが、社会に出て仕事をするようになってから「周囲からのイメージ＝社会における自分」であり、自分がどう見られるかのスタンス・ブランディングが大切だと気付くことができました。

人によって態度をコロコロと変えている人は、相手によって自身のイメージがバラバラとなり、もし近しい繋がりの人同士が何かのタイミングで自分の話をしたとしたら、各々でのイメージの違いを共有し合うことになり「信頼できない人」という評価をされてしまう可能性を自ら作っています。

マウンティングだけではなく、周囲への影響力がある人の前で過度にへりくだったり、影響力がある人と友人（と本人は思っている）であることをみんなの前で過度にアピールしたり、人と接する時のスタンスを相手によってコロコロ変えるのはやめましょう。

歳上・歳下に関わらず誰であっても丁寧で誠実に対応するスタンスを貫いている人は、接した人みんながその一貫したイメージを持っているため、周囲の人同士で自身の話題になったとしても「信頼できる人だよね」という評価、ブランディングを確立することができます。

特に組織のナンバー2においては、その会社の看板的存在でもあり、対外的にも窓口になる場面が多い役割なので、ブレないスタンスを確立することが大切だと感じます。

> 信頼される人の話し方の特徴は自分の意見を伝えつつも、他者の意見を尊重し、感謝の意を示せること。そのスタンスは一貫していて相手が誰であってもブレません。逆に相手によって態度をコロコロと変えている人は、他者にバラバラな印象を持たれ「信頼できない人」という評価をされてしまうでしょう。

退職理由のほとんどは未知の恐怖から始まる

■退職事由の多くは「人間関係の不和」から起こっている

「今年に入ってからもう五人だよ……何が起きているんだ」

様々な地域で経営者の方とお会いし、組織創りについてお話ししていると「退職の増加」または「退職事由がわからない」といった退職者に関する悩みを相談されることが多いです。何か対策をしたのか聞いてみると、新しい福利厚生の追加や給与の見直しなど、制度や条件の改定を行なってみたものの、相変わらず退職が止まらないとのこと。

退職者が多いので採用をしなければ現場が回らない、でも採用も年々採れなくなっている。だから、より採用施策にお金をかけてみたり、採用ハードルを下げてみたりと四苦八苦。結果、会社の資金繰りが悪化して社員への分配が減る、又は本来採用しない人を採用してしまい教育コストがかかり、今いる社員がまた退職してしまう。

こうした悪循環に陥っている企業は年々増えているように感じます。特にローカル・中小企業においては過去の成功体験から「辞めても採ればいい」とまだ思っているのかなと感じてしまう経営者ともいまだに結構な頻度で出会います。

経営と現場をつなぐナンバー2の立場からすると、これからの時代はとにかく採ればいいといった入口を広げる施策は費用対効果が悪くなっていく一方のため、注力すべきはいかに出口を狭くするかだと思います。

つまり、望まない離職をいかに減らすか。そのための組織創りをしていくのが大切です。

実際、僕が人事顧問としてこれまで数多くの中小企業や地方自治体の組織創りを支援してきた中で、給与や福利厚生などの条件面が理由で「望まない退職」に至っている人は実際そこまで多くないと感じています。

退職の引き金になっている原因で、最も大きいのが「人間関係の不和」。組織で働く上では、人間関係を築き、誰かと一緒に仕事を進めることは避けて通れません。

ただ、多様な価値観や背景を持ち、様々な世代の人が集まっている組織という集団において、全員が同じ考え・価値観ということはあり得ません。当然、些細な認識のズレや価値観の違いは日常的に発生してしまいます。

その小さなズレや違いにどう相対していくのか、それが時に職場環境を悪化させていく原因にもなってしまいます。

そして、その現場で起きている小さなズレや価値観の違いを経営者が把握するのは難しいため、経営者にとって「意味がわからない退職」が増えてしまうのです。

そこで今大切になるのは、経営と現場の橋渡し役であるナンバー2の存在です。ナンバー2が現場で周囲を巻き込み働きかけて、人間関係の不和をどれだけ起こさず、解消できるかによってその組織の未来や業績は大きく左右されます。

■人は「得体の知れないもの」に怯える生き物

ではなぜ組織内で「人間関係の不和」は起きてしまうのでしょうか。その原因は「未知の恐怖」にある、と感じます。

僕ら人間は「未知のものや得体の知れないもの」に対して、恐怖心を抱く生き物です。これは、人間の本能的な反応であり、過去の経験や知識が無い状況に対して自己防衛を働かせるためのものです。しかし、この恐怖心が時にコミュニケーションの妨げになることがあります。

例えば、上司から頼まれた仕事で意図がわからないことがあった時に、「わからないです」と聞くことで「叱られるんじゃないか」とか「仕事ができない人だ」と評価されてしまうんじゃないかということを恐れ、自分なりに進めた結果、方向性がズレていて締め切りに間に合わなくなってしまった。

逆に、部下が何を考えているのかわからないけど、何か言ってハラスメントだと言われるのが怖いので仕事上伝えるべき指摘や指導をせずに放置し、結果として入社から三年経って後輩がいるのにも関わらず全然仕事ができない人になってしまった。皆さん、そんな場面に遭遇した経験はありませんか？

実際、一対一でヒアリングをしているとこうしたケースによく出会います。またこうしたケースにおける共通点として、双方が「未知の恐怖」を持っており互いに話したいのに話せないだけの状態で、僕が間に入って取り持ってあげたらあっさり解消した。となることも多いと感じます。

このように、上司や同僚・部下とのコミュニケーションがうまくいかない場合、相手がどう出てくるかわからないことを恐れて直接の話し合いを避ける傾向があります。結果、問題解決しないどころか、むしろ人間関係の不和が深まっていってしまうのです。

第三者からすれば「直接話せばいいのに」というだけのことなのですが、本人達にとってみれば「直接話すことのリスク」を考えてしまい踏み出せない。

それが最初は数人だったものが徐々に組織内で蔓延してしまうと、いつの間にか組織全体が機能不全になり、本来発揮できるパフォーマンスが出せずに業績が下がる又は退職者の増加に歯止めがかからないといった危機的な状況に陥ってしまう。

また、こうした組織はとても仲が悪いかというと意外とそうでもなく、「表面的には」仲良い風に見える場合が多いのがまた恐ろしいなと僕自身の経験からも感じています。

では未知の恐怖の解消のためにナンバー2が中心となって何に取り組めばいいのでしょうか。それは「解釈と捉え方を揃える」ことです。

■互いを知り、解釈と捉え方を揃えるのが大切

組織内での人間関係を改善し、未知の恐怖を解消するためには、まず「相互理解」を進めることが大切です。関わる相手の価値観や考え方を予め理解していることで、仮に自分とは異なる視点や意見が提示された際にも、理解や尊重することができます。

また、互いに心を開いてコミュニケーションを図ることで、認識のズレや誤解を解消することにも繋がります。

一昔前であれば歓送迎会や忘年会などといった飲み会がこうした相互理解を促す場になっていたのだと思いますが、環境的に大人数での飲み会がしづらくなったり、価値観の多様化によって「とりあえずみんなで飲もうぜ」という空気感やプライベートでも職場の人と一緒に遊ぶというカルチャー自体が否定されるようになってきたりという時代の変化によって、飲み会などではない形での相互理解を組織が戦略的に進める必要性が出てきているのだと思います。

その変化に対して特に対策を打たず、飲み会などプライベートでの交流もできないまま、放置してきた組織に人間関係の不和が起こりやすくなっているのかもしれません。

相互理解の場づくりの代表的な策としては、朝会や定期的なセッション、ピアボーナスやアワード、部活動などが挙げられます。いわゆる朝礼をただの報告・共有の場にするのではなく簡単なお題で少し雑談する機会にするとか、仕事とは直接的には関係ないテーマを話し合う場（セッション）を定期的に設ける、互いに褒め合う文化を創る中で話しやすい環境も一緒に整えていく、同じ趣味の人同士が部活を組んで活動できる環境整備と少しの部費支援をしてあげる、など自組織の風土やメンバーの人柄に合わせて様々な施策を講じることが可能です。

ある程度相互理解が進んだら次に行いたいのは、組織内での「解釈と捉え方を揃える」ことです。人は何か行動を起こす時、その手前に「感情と解釈」が存在しています。何人かで同じ場面に遭遇しても個々にその物事をどう解釈するかによって湧き上がる感情が変わり、結果として個々の行動も変化します。

例えば、上司から仕事に対して指摘を受けた人がふたりいたとします。

Aさんはその事象を「なんで他の人には言わないのに自分にだけ言うんだ！」と解釈。

Bさんはその事象を「忙しい中わたしの成長のために指摘して下さってありがたい」と解

釈。すると、Aさんには「怒り」の感情が湧き、不満げな表情と態度という行動につながる一方、Bさんは「感謝」の感情が湧き、やる気ある表情と指摘を実行し改善するという行動につながる。

このように、人は物事の解釈と捉え方次第で起きた出来事への対処や行動が変わるのです。

組織において、メンバーの解釈と捉え方がズレていると何かトラブルが起きた際や顧客対応をする際に「人によって対応が変わる」ことが起きてしまい、信頼関係や顧客体験の悪化、ひいては業績にまで悪影響を及ぼしてしまうため、解釈と捉え方を揃えることは大切だと言えます。

ではどのようにして揃えていくかというと、組織の目標や方針に対する「共通の理解・捉え方」を相互共有する場面を日常的に設定することで、やがて個々人の行動や判断に一貫性が生まれていきます。

なので、経営や組織リーダーにはまず目標や方針の策定を事前に行なっておくことが求められます。その上で、定期的なミーティングや研修などを通じて、組織のビジョンや価値観を共有し、実際に現場でも互いに行動として表現し合うカルチャーを創ることで一体感が醸成されていきます。お互いのことを理解しあっているメンバー間で、物事の解釈と捉え方も揃い、現場でどのような対応をするのかがお互いにわかるようになってくると働く上での「安心感」に繋がります。

そうして、心から互いに信頼し合える関係を築くことができれば、組織内での人間関係の不和を解消し、未知の恐怖をみんなで克服できます。

その後も継続的な信頼関係を築くためには、話し合うことを避けずに率直な意見交換やフィードバックを大切にし、互いの弱みや課題に対してサポートし合うことが不可欠であり、その環境を創っていくのが組織のナンバー2の役割だと考えています。

未知の恐怖は、組織内での人間関係の不和を引き起こす大きな要因です。その恐怖を解消し、解釈と捉え方を揃えることで、より円滑なコミュニケーションと信頼関係を築き、離職率の低下はもちろん、業績の向上にも繋がっていくでしょう。

望まない退職が起こる時、その原因の大半は未知の恐怖をきっかけとした人間関係の不和によるものです。直接話せば分かり合えるのに、勝手な想像や妄想で相手を決めつけ傷つけ合ってしまう。そこでナンバー2に求められるのはメンバー同士の相互理解が進む環境の整備と組織内での解釈と捉え方を揃えることです。

仕事上のコミュニケーションだけでは足りない理由

■あなたは初めての人と雑談できますか？

新卒採用の会社説明会などで少し早めに会場に集まった学生さん達に、無言でいなくていいのでお時間まで雑談して待っていてくださいね。と呼びかけることがあるのですが、誰も雑談の口火を切ることができないというケースに多く出会います。

ようやく話し始めた、と思っても

「今日はいい天気ですね」

「そうですね」

「……」

といった形で、会話が続かない。

このように雑談が苦手な人は年々増えているように感じます。

その理由はいろいろあるとは思いますが、小さな頃からSNSでの交流に慣れてしまっていて「自分と共通の趣味や価値観が合う人」とだけ交流することができるようになったのは大きな要因ではないでしょうか。

あらかじめ趣味や共通点がわかっている人との交流とは異なり、初めての人達だらけの場面で雑談を振られた時に何を話して良いかわからず無言になってしまう。

でも、別にコミュニケーションが苦手なわけではないんです。こちら側から趣味を交えた自己紹介の機会を組んであげれば、その後は打ち解けて話せるようになるからです。

かくいう僕も元々人見知りで初見の人と雑談するのはどちらかというと苦手です。

社会人四年目で広告部門の責任者になった際に外部の方との商談が増え、自分よりも遥かに歳上のメディア・広告代理店関係の方々とお話しすることになったのですが、何を話していいのかわかりませんでした。先方もクライアントの責任者がかなり歳下で話題に困っていたと思います。

その時僕が処世術として取り組んだのは、札幌のグルメに詳しくなることでした。特に市内のラーメン屋さんを熱心に食べ歩いて記録に残していました。

というのも、食の話題は年齢も性別も職業も関係なくどなたにでも通用する話題だからです。

中でもラーメンは道外からいらっしゃるほとんどの方から「美味しいラーメン屋さんはどこですか?」と聞かれるので(本当はお蕎麦が好きですが)、好みを聞いてその人に合ったお店を紹介してあげると喜んでもらえるし場も和みました。

その経験から僕が初見の方とコミュニケーションする時に心がけるようになったのは相手との「共通体験」「共通言語」を探す、または見つけやすくするということです。

前述したグルメのように、ある程度誰でも関心がある話題に詳しくなっておくことも良いですし、最初にお互い自己紹介をしてその際にこれまでの経験や趣味なども話すことで相手が共通点を探しやすくするやり方もおすすめです。

雑談なんて、仕事の本筋に関係ないからいらないでしょ。そう考える方もいらっしゃるかもしれません。

ただ、僕が組織創りの仕事をするようになってから感じるのは、雑談が活発に行なわれる職場とそうじゃない職場では業績や定着率に大きな差が生まれるのではないかということです。

言葉によるコミュニケーションは、一緒に仕事をする上で欠かせない要素。雑談は一見仕事に関係ないように思えるかもしれませんが、信頼関係を築くための重要なステップです。

一緒に食事をしながら話したり、休憩時間にリラックスしながら話をしたりする、仕事とは直接的に関係ない自己開示「雑談」が職場内の良い雰囲気を醸成し、心理的安全性のある環境でみんながのびのびと挑戦できる組織創りに繋がります。

■仕事上のコミュニケーションだけでは足りない理由

「じゃ、案件については以上ですね。失礼しますー！」

新型コロナウイルスの感染拡大に伴い、ここ二年くらいはオンラインでの打ち合わせが増えました。そのおかげで北海道に住みながらも全国どこの地域の仕事でもできるようになったのは大きなメリットだと感じています。

その一方で寂しさを感じることもあります。というのも、オンラインミーティングって大抵の場合「用件だけ」しか話さないですよね。何か用事があるからオンラインミーティングを組む。話す必要があることを話したらすぐ切る。

それはとても合理的ではあるんですが、雑談の時間がなくなったので相手の人となりとかを知るきっかけがなくて、リアルで会ったこともなく仕事だけの関係という人が増えました。

一時期オンライン飲み会を夜な夜なやっていた時期もありましたが、すぐにみんな飽きてしまいましたよね（笑）。最近またリアルで会って飲み会をするようになって、やはり直接会って話す方がコミュニケーションも深まるし仲良くなれるなと感じました。

ビジネスの場だけで考えれば、確かに仕事上のコミュニケーションが中心です。でもプロジェクトの進行状況や目標の確認だけを話題にしていると、どうしても一緒に働く仲間との間によそよそしい距離感が生まれてしまうように感じます。

実際これまで僕が所属したことがある組織でもメンバー同士のコミュニケーションが仕事の話題に限定されていて、雑談やプライベートでの接触がほぼない社風の会社がありました。

それはそれでみんなが割り切って働いていて一定の意欲は感じられましたが、会社から求められていること以上の付加価値を出そうという動きや、目標までギリギリ届くかどうかという場面での達成への執念、組織を横断してみんなでやり遂げるんだという一体感、一人一人の個性などを感じることはできませんでした。結果、プロジェクトを進める中で一部のチームが困難に直面したとき、他のチームから助ける手が差し伸べられないという縦割り型の組織になってしまいました。

日常の雑談や懇親会などを通じて、お互いの好きなことや苦手なこと、日常の趣味など、その人が大切にしている価値観を共有し合って働ける方がメンバー間の信頼関係が深まり、結果的に業務上の問題もスムーズに解決できるようになります。

「何をするか」は大切ですが、「誰とするか」はもっと大切。仕事上の話だけでは見えない、人間らしい部分を互いに共有し合うことで信頼関係が紡がれ、組織全体が一体となり、困難を乗り越える力が生み出されるのです。

■共通言語・体験は組織の絆を深める

ナンバー2が組織内に一体感を生むために意識したいのは、いかにして「共通の体験」や「共通言語」を浸透させていくかということ。人々は何かを一緒に経験したり、それを共有し合ったりすることで、深い絆が紡がれます。

共通言語の代表例と言えば、ミッション・ビジョン・バリュー（MVV）といった理念ですね。会社の価値観を反映したMVVをカードにしてみんなで持ち歩いたり、評価制度と連動させたりして、社内に根付かせていきます。

浸透しているかの目安としては社内のメンバー同士の日常会話にMVVの言葉が使われているかどうか。そのためにはまず経営者や幹部が率先して会話に取り入れて表現していくことが重要です。

共通体験については、普段一緒の業務に取り組んでいればそれ自体も共通体験と言えるのですが、組織の絆を深めるためにはチームを横断して一緒に笑ったり、悲しんだり、困難を乗り越えたりする経験を設計することが大切です。

例えば、メンバーを連れての合宿やワーケーション。日常の業務から離れて、個々人のキャリアプランや会社の課題を率直に共有し、みんなで未来を考えるワークショップの時間を設け、夜はＢＢＱをしたり、焚き火を囲んで話をしたり。

非日常の中での交流を通じて仕事とは違う素の一面がお互いに見え、ワークやキャンプなどで一緒に困難を乗り越えることで印象に残る「共通体験」になります。

実際に顧問先の企業で何度か社員合宿を組んだことがあるのですが、メンバー達の合宿後の変化にはめざましいものがありました。お互いを深く理解し、信頼し合う関係が生まれたことで、これまでは部署ごとに縦割りの雰囲気だったのに、ミスをしたメンバーを部署横断で自然と支えあい、全社の業績向上にも繋がったのです。

組織内で「共通の体験」や「共通言語」が醸成されることで、経営層とメンバーを結びつけ、信頼関係を築くことができます。そして、それは組織全体の力となり、困難な状況でも一緒に前に進む力となっていきます。共通体験を築き、共通言語で語り合う。そんな環境を叶えることがナンバー２の役割だと思います。

一見仕事に関係のない「雑談」も、信頼関係を築くためのきっかけになる。仕事上のやり取りでは要件だけ話して終わりになりがちで、相手に信頼感を持つことは難しいもの。そこでナンバー2が取り組むべきは雑談や懇親会、制度設計など様々な手法で共通体験を築き、共通言語で語り合える環境を組織内で浸透させることです。

第5章

組織と自分を守る
No.2のリスク回避術

事業を進める上で起こる様々なリスクから組織を守る。
組織の守護神であるNo.2には
トラブルの匂いを感じ取るポイントがあるんです。

「何を言わないか」から その人の品はわかる

■面接で感じるコミュニケーション力とおしゃべりの違い

「私の強みはコミュニケーション力があることです！」

ああ、またか。心の中で思う自分。いくつかの顧問先で新卒採用に関わっていることもあり、面接や面談で毎年数百人の方とお話しする機会があるのですが、どの企業においても最初に振られることが多い「自己紹介」は就職活動において本当に大切だと思います。

個人的な感覚ではありますが、自己紹介を含めた最初の五分程度の会話で、八割がた合否が決まると言っても過言ではありません。それは僕自身がこれまで数千人面接をしてきた経験の蓄積によるものもありますが、本格的に面接が進んでからの質問・回答の部分は単なる事実確認に近いのに対して、自己紹介は人となりや価値観が一番見えやすく、プレゼン力や優先順位の付け方など仕事に繋がるスキルも感じられるからです。

その上で、冒頭の「コミュニケーション力があります！」発言について。なぜだかこれを自身の強みとして伝えてくださる学生さんが毎年多いのと同時に、大抵その発言をする方はコミュニケーション力がない人だったりします。

ネットで調べた情報なのか大学からそう言うように指導されているのかは分かりませんが、コミュニケーション力がある方は「本当に伝えたいこと」をそのまま言葉にはしません。会話をしていく中で自然と面接官側が「この人はコミュニケーション力があるな」と感じるものだと思います。

ではお話しが下手なのかというと必ずしもそうではなく、たくさん自分のことを話して下さる場合が多いです。そう、自分のことばかりを。多分ですが、このタイプの方はいわゆるおしゃべりではあるんだろうなと思います。

コミュニケーション力が高いと感じる方との面接には共通点があります。それは終わった後に「面接をした感じがしない」ことです。普通に友人とお茶をしたような、楽しくお話をしたな、という余韻が残っている。

実際面接の中で何か起きているかというと、向こうから僕に対しての質問もあり、僕も質問をし、と「お互いに興味を持って」対話していたらあっという間に時間が経っていたという印象です。

コミュニケーションとは一方的ではなく、双方向で成り立つもの。組織創りにおいても、大抵の課題はコミュニケーションが起因だと感じます。

■何を言うかよりも何を言わないかを人は見ている

「自分は正しいことを言っているのに、あの人が聞いてくれないから！」

ナンバー2は組織内での人間関係のこじれに向き合わなければならない場面が多いです。中でも「自分は正しい。相手は間違っている。」という図式で物事を捉え、仲間との人間関係がうまくいかない人はどの組織にもいるなと感じます。

かつての自分自身もそうでした。上司はいつも定時で上がって怠けていて最新の情報にアンテナも張っていなくて、自分ばかり仕事していて自分の方が新しいアイデアを出せて、なのに会社は上司を評価し自分を評価してくれない！と会社に対して不満を持っていました。

実際、自分は普段から社長や上司に対して新しい企画やアイデアをいくつも提言していたのですが、ほとんど採用されることはなく「いいから目の前の仕事をしなさい」と言われるばかり。当時の僕はそのことを「組織に抑圧されている」と感じ、評価に対しても「不公平だ」と思っていました。

ただ、今となっては当時の自分がなぜ評価されなかったのかよく分かります。「おしゃべりで気分屋」だったからです。

新しいことが大好きな僕は同時に飽き性でもありました。同じ仕事を繰り返すことやコツコツ続けることが苦手だったので、気分転換がてらよく他の部署に絡みに行き様々な人に話しかけたり、相手の仕事を手伝ったりするのが好きだったのですが、そこで得た知識や情報を他の部署の人との交流や社外での飲み会などでも話していたところ、上司に呼び出され「いい加減にしろ」と叱られました。

その時はなぜ自分が叱られているのか分かりませんでした。何なら「良いことをしている」とすら思っていたのです。

しかし、組織で起きていた現実は僕の想像を遥かに超える最悪なものでした。僕の話が起点となって部署間での「噂話」や「陰口」が蔓延し、互いに疑心暗鬼になってしまう環境となり、僕自身の仕事も新しいアイデア提案自体は多いもののそれらはいずれも実現性に乏しく、肝心の日常業務が全然進んでいないという有様。

「お前、みんなから信頼を失っているぞ」

気づけば、誰も僕の話を聞いてくれなくなっていました。

■信頼を築くには多大な時間を要するが失うのは一瞬

自分がどんなに正しいと思っていたとしても、必ずしも相手にとっても正しいとはならないし、その言葉や想いを受け止めてもらえるかは相手との信頼関係次第。

前述した過去の僕は「良かれと思って」たくさんの人に話しかけ、その話したことをまた他の人にも話し、と振る舞っていたうちに「誰にでも何でも話すおしゃべり」と思われて信頼を失い、最終的には誰も僕の言うことを信じてくれず、周囲の人達にとって「大切なことを話してはいけない人」になってしまいました。

周囲からも、大切な同期からも信頼を失い、ようやく僕は自分のおしゃべりによって多くの人が迷惑し、自分の人生にとっても大きなマイナスであることに心底気付くことができました。

その日から余計な事を話すのをやめて、目の前の仕事にコツコツ向き合い着実に成果を上げるように心を入れ替えたものの、上司や周囲からの信頼を取り戻すまでには二年以上かかり、関係性が回復することなく退社してしまった方もいます。

ナンバー2には社内外の様々な情報が集まります。それだけに「何を話し、何を言わないか」の判断は大切で、組織を運営していく上でも相手に話を聞いてもらえる信頼関係を築くことが重要です。

何を言うかよりも、何を言わないか。信頼を築くには多大な時間を要するが、失うのは一瞬。今でも自分の全ての行動の根幹となっている価値観です。

コミュニケーション力がある＝おしゃべり、ではない。コミュニケーションは一方向ではなく双方向で成り立つものです。どれだけ相手のことを考えた言動ができるか、それは「あえて話さない」こともコミュニケーション。喋りすぎる人は信用を失います。信頼関係を築くには「何を話し、何を言わないか」の判断が重要です。

人繋ぎへのスタンスが信頼を左右する

■「繋ぎたい人がいる」は大抵打率が低い

知人から「実は会ってもらいたい人がいるんですよね」と切り出された時、皆さんならどう対応しますか。

そもそも人を繋いで頂けるのはありがたいことなので、僕は基本的には時間をつくって会うようにしています。ただその一方で、ちょっと嫌な予感もしていたりします。というのも、僕はこれまでこの切り出され方でお会いした方と先々何かのご縁に繋がったケースがほとんどないからです。

もちろん、仕事になるかならないかが全てだとは思っていません。気の合う友人や趣味仲間になって下さるプライベートな繋がりでも全然オッケーではあるのですが、そういう関係性にもなったことがありません。

例えば、これまで以下のようなケースに遭遇しました。

❶ものすごくフォロワーがいらっしゃる方で界隈では有名人なのでぜひ

ＳＮＳでそれっぽいことを発信されている方だったが、直接お会いしてその方の分野について具体的な現場の話をすると殆ど何も答えられなかった。

❷彰悟さんに会いたいと言っている知人がいまして

ひたすらその方の悩み相談に答える、又は僕のノウハウを引き出そうと質問責めにあう。

❸相手も会ってもらいたい人がいると言われていただけで、お互い別に会いたかったわけじゃない

繋いでくれた方がそれぞれと繋がっていることをアピールする時間が続き、本人達はなぜこの場にいるのかの意味が掴めなかった。

いずれもなかなかしんどい時間でした。これらの経験から「繋ぎたい人がいる」と言われた場合、「あ、またかも」と思ってしまう自分がいます。ただし、このようなことが起きるのはＳＮＳなどでちょっと繋がっている程度の知人から紹介された場合でした。これはなぜなのでしょうか。

■人繋ぎは自身の信頼を左右する

実は僕自身、誰かに自分の友人・知人を紹介したりお繋ぎしたりすることはほとんどありません。それは単に友達が少ないからでもあるのですが(笑)、それよりも人を繋ぐって正直「怖いな」と思っているからです。

その怖さとは、余計なお世話かもしれない、ミスマッチだったらどうしよう、お繋ぎする双方の方の時間を奪ってしまうかもしれない、といった相手に迷惑にならないかという心配。自分が「繋ぎたい」と言われてお会いした時にあまり良い体験をしたことがないのも相まって、どうしても慎重になってしまいます。

ただ、そんな僕でも積極的に人を繋ぐ場面があります。それは自分がプライベートでもよく一緒にいる友人やこれまで何度も一緒に仕事をして信頼している仲間が困っている・欲している時です。

普段から一緒にいる時間が長いだけあって、どんな価値観・人柄でどんな人と相性が良いのか、今何を目指しているのか、またどんな人が苦手でマッチングしないのかなど、相手の深いところまでよく理解しています。今どんな人と出会いたいのか、どんな人と繋いであげたらやりたいことが叶うのかの解像度が高く、はっきり見えているから、自信を持って紹介することができます。

一方で、ちょっと知っている、SNSで繋がっていて投稿からしかその人のことを知らない程度の方の場合だと、そもそもその人がどんな人と繋がりたいと思っているのかを深く理解するのは難しいため、軽々に誰かを紹介しようとは思えません。

繋ぎ先の相手も、繋ごうとしている自分の友人も、「自分に対する信頼感」を担保に会ってくれるのだと思います。それだけに、もしミスマッチだったり無駄な時間を過ごさせたりすれば、それ以降、両名との信頼関係が崩れる可能性もあり得ます。それくらい、人と人を繋ぐって重たいことだと思うんです。

じゃあなぜ冒頭のようにカジュアルに人を繋ごうとする人がいるのか。それはその目的が繋ごうとしている両名のためではなく「自分のため」だからなんじゃないかと感じます。

・自分は〇〇さんと繋がっている
・自分が〇〇さんと〇〇さんを繋いだって言いたい
・〇〇さんに貸しを作りたい

といった、自分中心な価値観から人を繋ごうとするあまり、繋ごうとしている人達のニーズへの理解や、限られた時間への配慮が抜け落ちてしまう。結果として、自身の信頼を損なっていることに気づいているのかどうかはわかりませんが。

■人を繋いで欲しい人とは距離を置く

僕自身も経験してきましたが、組織のナンバー2ともなると一メンバーだった時に比べて出会う人の数は一気に増え、その多様性も広がっていきます。

もし自組織に何かを売り込みたい、何かを得たいと考えている人からするとまずはもちろんトップと会いたいわけですが、その機会がなかなかなかったとしたら次にアプローチしたいのはナンバー2なので様々な人から声がかかるようになるわけです。

こうして様々な方との関わりが増え、繋がりが一気に広がっていくと時折こんな声がかかる場面があります。

「○○さんと繋いで欲しいんだけどさ」

何か他意があって言っているのではないのかもしれません。ただ、僕はこう声をかけてくる人とは一定の距離を置くようにしています。

かつて僕自身もいわゆる有名な人や影響力を持っている人と繋がりたくてもがいていた時期がありました。一生懸命その人のSNSでの発信に返信で絡んでみたり、その人が来るイベントに顔を出してみたり。でも、なかなか顔と名前を認知されてお話できるほどに繋がることはできない。

そんな時、久しぶりに恩師と食事に行く場面があり、最近の活動とともにこの悩みを話した際に言われた言葉が今も深く胸に残っています。

「繋がりたい人と繋がれないのはまだその時じゃないから。その人とお前が肩を並べるようになり、目指す道が同じなら自然と繋がる時が来る。無理して繋がっても望む形にはならないので、今は目の前の成果を出すことに集中しなさい。」

その日を境に自分本位な「欲しがる」ことをやめ、まずは目の前の仕事に打ち込んで成果を上げることに集中し、同時に自分のやりたいことを周囲に発信し続けるという日々を過ごすようにしたところ、それから数年後、高嶺の花だと思っていた人達と繋がる機会が次々と自然に生まれていきました。

この時の体験から僕は確信しています。自分を高める努力を続けることこそが、素敵なご縁へと繋がる。

それだけに人と繋ぐことを要求してくる人には、自己中心的だなと思うし、人との繋がりを軽く考えているように感じてしまうので、一歩引いて気をつけるようにしています。

ナンバー2にはメンバーと組織を守るためにも関わる人の本質を見抜く目が求められます。「人繋ぎのスタンス」にはその人の人間性や価値観が表れるため、相手の本質を判断する上で一つの材料になります。ぜひ参考にしてみてください。

誰かを人に繋ぐことは、双方の時間をお預かりするのと同義。それだけにミスマッチだった場合は自身の信頼を損なうことになり得ると自覚しておくのが大切です。また、ただ繋がりたいだけやノウハウを奪うために寄ってくる人もいるので、ナンバー2はメンバーや組織を守るためにも関わる人の本質を見抜く目が必要となります。

仕えてはいけないトップの見抜き方

■「誰と組むか」によって人生は変わる

皆さんは普段誰と一緒に過ごしていますか。家族、友人、恋人などプライベートな時間はもちろん大切ですが、社会人になってみて思うのは、一緒にいる時間の長さで言うと会社の上司・同僚や取引先関連の人など「仕事関係の人」が圧倒的に多い気がします。

と言うのも、一日二十四時間のうち、八時間寝たとして残り十六時間の中の十時間前後は仕事をしていると考えると、人生の中で仕事に関わる人と過ごす時間は家族や友人などよりも自然と多くなっていきますよね。

「あなたの周りにいる五人の平均があなたです」

これはアメリカの有名な起業家ジム・ローンさんの名言のひとつで、初めてこの言葉を知った時ドキッとしたのを覚えています。

確かにポジティブな人の周りにはポジティブな人が多く、愚痴や噂が好きな人の周りには同じタイプの人が多い。人間は自分と近しい、共通点が多い人に対して親近感を抱きやすい傾向があるのとともに、長い時間を一緒に過ごすことで考え方や価値観の刷り込みが入りやすくなるためどんどん似てしまうのかもしれません。

「類は友を呼ぶ」と言うことわざがありますが、まさにその通りなのだと思います。それだけに、自分がどんな人と普段一緒にいるのかを意識することは大切です。

僕は今でこそ自分の会社を立ち上げ、自分の好きなペースで、地域づくりや組織創りに打ち込む素敵な人達と一緒に仕事ができる環境になりましたが、最初からそうだったかといえば全く違います。

社会人になってすぐの頃はパチンコ企業に勤めていたこともあり、仕事が終われば先輩や同僚にパチンコか飲みに誘われ、いずれにしてもぐったりして就寝。朝起きてそのまま仕事に行く生活の繰り返し。時には先輩から金を貸せと言われたり、飲み過ぎた先輩を介抱して自宅まで連れていったり、今思えば本当に時間とお金を無駄にしたなと後悔しています。

ただ、そんな一社目ではありましたが、僕の人生において大きな学びになった経験もありました。入社二年目に本社に異動となり、広告・マーケティング・広報と仕事を広げていく中で、社長から指名を受け秘書に近いお仕事をさせて頂く機会に恵まれたのです。

■仕えてはいけないトップの見抜き方

大手アミューズメント企業の社長秘書的な動きをしていると、ゴルフ場までの運転や高級クラブにご一緒するなど、二十代ではあまり行くことのない場所で様々な経験をさせて頂きました。

行った先では地元では誰もが知っている有名企業の経営者の方々とご一緒することも多く、その会話から経営者が見ている視座の高さやいかに責任が重く孤独なのかを知ることができました。

今「かたわら」という屋号で自分自身がナンバー2として様々な経営者の隣でサポートする働き方をする上でも、事業で成功をされている経営者の方々のそばに居られた当時の経験が役立っています。

しかし、それと同時に「ああ、この人には仕えたくないな」と感じる経営者もこれまで何人も見てきたので、あくまで個人的な主観ではありますが、その共通点を以下に五つのポイントでまとめてみました。

まずは言葉遣いが悪く、自身が社長であることを誇示し、周囲の人を振り回すタイプ。店員さんや取引先の社員などにも横柄に接し、自身の要求を押し通そうとします。逆に尊敬できる経営者は誰に対しても敬語で謙虚な姿勢で接して下さいます。

二つ目は短気ですぐ手をあげるタイプ。自身が仕えたことがある経営者にもいましたが、瞬間湯沸かし器のようにすぐにキレて大声を出し、場合によっては殴る・物を投げるなど暴力を振るうタイプ。今の時代さすがにいなくなってきたかとは思いますが、当時はよくいたと感じます。

三つ目は同性と異性で態度を変えるタイプ。同性には「おい！」とか「お前！」など呼び捨てなのに対して、異性に対しては妙に優しい。その実態はお酌を要求したり身体を触るなどのセクハラをしたりと本質的には相手を見下していることがわかります。

四つ目はお金遣いが荒いタイプ。できる経営者は総じて「ケチ」です。と言っても何にもお金を使わないのではなく「意味のないお金」は一円たりとも使わず、投資すべき場面では思い切った決断ができます。

ここで言う意味のないお金、とは電気のつけっぱなしやオフィス備品の重複発注など必要のない出費を指します。一方、経営者同士の交流など意味ある出費の範囲を超えた、ただの個人的な趣味や異性関係に散財する経営者は要注意です。

五つ目はお酒を飲むと豹変するタイプ。普段は優しく謙虚なのにお酒を飲むと豹変し、前述した特徴がでてきてしまう経営者も時折います。これはお酒が悪いのではなく、元々そういう本質を持っていたものがお酒によって炙り出されただけです。

これらの気質はいずれも事業運営にとってマイナスですし、会社の経営にも必ず影響を及ぼすことになるため、こうした経営者には仕えない方がよいと思います。また僕自身は、経営者に限らずとも上記のいずれかに当てはまる人とは一緒に仕事をしないと決めていいます。

■ナンバー2は組織と心中するポジション

なぜ経営者を見定めることが大切なのかと言うと、もし自身がナンバー2としてその下に仕えることになったとしたら、最後まで一緒にいなくてはならないからです。ナンバー2は経営と現場の橋渡し役であり、経営者の分身でもあるため、簡単に投げ出せるポジションではありません。

僕は以前に社長の側近・人事としてリストラを担当したことがありました。まだ若かった自分にとって、自分よりも歳上の方々に解雇通告をすることはとても大きなストレスでしたし、実際に胃に穴が空き病院にかかる羽目にもなりました。現場ではリストラ対象の方に泣き叫ばれ、罵倒され、手を出されることもありましたが、誰かがその役割をしなければ会社を守れないという使命感から粛々と進めていたのを思い出します。

ただ、その経験を通じて会社経営の大変さ、人を雇用することと人の人生を預かることの重みを知りましたし、今自分が組織創りプランナーとして経営者・労働者双方と向き合う上でもとても役立っています。

それだけに僕は、経営者が自身の私利私欲によって会社の財産を失うことや、倫理観を欠く言動で顧客からの信頼を失うことはあってはならないという想いが強いです。

もし、会社が傾くような事態になった場合でも矢面に立って関係各位に誠実に向き合い、経営者を支え、メンバーを守り、会社の看板を守るのがナンバー2というポジション。

ある意味会社や組織と心中するような覚悟が必要ですし、自分自身も自分を律して、変なトラブルに巻き込まれないように気をつける必要があります。

だからこそ、今現在ナンバー2の方、これからナンバー2になるかもしれない方に伝えたい。お金と異性とお酒にだらしない人には関わらない方がいいです。必ず何かしらのトラブルに巻き込まれることになるので。


「類は友を呼ぶ」の言葉通り、誰と一緒にいるか次第で人生は大きく左右されます。ナンバー2は組織と心中するポジションであるがゆえに、どんなトップに仕えるかの見定めがとても大切です。その点ではお金と異性とお酒にだらしない人は必ず何かしらのトラブルを起こすので関わらないことをおすすめします。

一つのミスへの対応が組織の命運を左右する

■何よりも怖いのは連鎖ミス

休日の朝６時、突然の着信音に寝ぼけながら出ると、大声で怒鳴る社長の声。事態をよくつかめていない僕が「何のことですか？」と聞くと社長の怒りは更にヒートアップ。「今すぐ新聞を取ってきてチラシを見ろ！」とのこと。

二十代中頃、当時の僕は地元のパチンコ企業で広告部署の責任者をしていました。十数店舗のチラシを一人で進行していたこともあり、毎日のように締め切りに追われていた僕にとって週末の朝はゆっくり寝ていられる大切な癒しの時間。そんな貴重な朝を怒鳴り声で叩き起こされ不機嫌だったのですが、重い腰を上げて玄関から新聞を取り折込チラシに目を通しました。

ああ、今日はお昼の十二時に開店するお店があったな。どれどれ……。

「○○店本日十時オープン」

「開店時間が間違っているんだよ！　どうするんだお前！　とにかく今すぐ会社に来い！」

社長に電話をガチャ切りされた後、僕はしばらく放心状態になりました。しかし、ボーッとしている場合じゃない！とすぐに頭を切り替えると、今度は頭の中が焦りでいっぱいに。そんな本社なんて行っている場合じゃない、今すぐお店に行って店長やお客様に謝らないといけないという思いで、慌てて着替え、社長の指示を無視してお店へ車を飛ばしました。十時開店だと思って外で待っているお客様がいるはずだ。そう思った僕は、途中コンビニでコーヒーやパンを買い込み、店舗に向かいました。八時過ぎに現地に着くと予想通りお店の前には並んでいるお客様が十数人。僕はお客様一人一人に事情を説明し、飲み物とパンを渡して謝罪しました。

「昼オープンならまだ四時間くらいあるね。じゃあ、一回帰ってもいい？」

そうお客様に聞かれた僕は、待たせるのも申し訳ないと思い、もちろんです！と答えたところ半分くらいの方々が列から抜けて行きました。一通り並んでいたお客様に謝罪し終わり、一息ついたところで社長の指示を思い出し、状況を伝えるために本社へ。

社長室に行き、謝罪と共に今現場に行って対応してきたことを社長に報告しました。するとみるみる社長の顔が真っ赤になり大激怒。

「お客様を帰しただと！　正気か？！」

僕は社長が怒っている理由がわかりませんでした。

「お前、当然帰ったお客様に整理券とか配ったんだろうな。対応した状況を店長や店舗スタッフにも当然伝えてからここに来ているよな。」

僕は顔面蒼白になりました。

「帰ってしまったお客様が開店前に列に戻ってきて元の場所に入ろうとしたら後ろのお客様はどう思う？　横入りだと思うだろう？　その元の位置だって正確かどうかわからない。そして事の顛末を唯一知っているお前は今ここにいる。どうするんだ！」

結果、僕のチラシの開店時間記載間違いから端を発したミスは、開店前に更にお客様同士のトラブルを起こしてしまい、最悪な事態になってしまいました。僕は社長に大目玉をくらい始末書を提出、店舗にも多大なる迷惑をかけ謝罪する羽目に。

なぜこのような事態になってしまったのでしょうか。

組織内で問題が発生した場合、すぐに対処しなければならない状況があります。しかし、焦って行動することで、さらなるミスを誘発することがあります。これが「連鎖ミス」です。

■すぐ動く前に一度俯瞰し全体像を描く

トラブルが発生した際、すぐに対処しようとしてしまいがちですが、その前に一度立ち止まり、まずは全体像を把握することが大切です。問題に対して焦ってアプローチするのではなく、一旦冷静に状況を把握し、最適な解決策を見つけ出してから動くこと。

前述した僕の経験の場合、チラシの開店時間を間違うという大きなミスに動揺した僕は焦りから社長の指示を無視し、勝手にリカバリーしようとした結果さらに大きなミスを追加で起こしてしまいました。今振り返ると、社長は連鎖ミスを起こさないように、次の対処を指示するために僕を本社に呼んだのだろうと思います。

まずはなぜチラシの開店時間を間違えたのか。間違えた結果、現場では何が起こる可能性があるのか。起こりうる可能性に対してどう対応するべきか。

チラシの開店時間記載ミスは、各店舗の開店時間を整理していた表が間違っていたこと、そして最終校正時に店長への直接確認を怠り、間違っている表をベースに校了してしまったことが原因でした。

その結果、本来は十二時開店だったのが十時開店としてお客様に伝わるので、当然ながら開店待ちのために早めに並ぶお客様が九時過ぎにはお越しになる可能性があります。

そのお客様に対して僕は、現地で謝罪をしたところまでは良かったのですが、自分の私費で勝手に飲み物や食べ物を配り、店舗に確認せずにお客様を一度帰してしまい、かつ帰したお客様に並んでいた位置を証明する整理券も配付していませんでした。

企業として謝罪をし、物品購入は会社の経費で行い、店舗と連携してお客様対応をした上で、もしお客様を返すのであれば後から揉め事にならないように整理券などの対策をしなくてはなりません。

この経験から僕は、ミスを起こしてしまった時こそ焦ることなく落ち着いて状況を一度分析し、全体を俯瞰することで連鎖ミスを防ぐことが重要だと学びました。その際には先走って自分だけで決めるのではなく、上司や同僚など周囲のメンバーに支援を依頼して冷静な判断から効果的な対処を下すことが大切です。

■二次被害を起こさないミス対処法

では実際皆さんの現場でもミスが発生した際に二次被害を防ぐために、押さえておいた方がいいポイントを五つにまとめてみました。

まず素早く認識し報告すること。ミスを認識したらすぐに上司や関係者に報告し、情報共有を行いましょう。迅速な報告が問題解決のスピードを上げることにつながります。

次に冷静な判断と対処をすること。ミスが発生した際には、冷静に状況を把握し、適切な対処方法を考えましょう。慌てず、焦らず、的確な判断で二次被害を防ぐことが重要です。

三つ目は責任の明確化。特に自分のミスであれば、責任逃れすることなく、率直に認めて対処しましょう。真っ直ぐに向き合うことで信頼関係を損ねることなく、協力して問題解決に向けて進めることができます。

四つ目は原因分析と再発防止策の立案です。ミスの原因を徹底的に分析し、再発防止策を立てましょう。原因分析を行うことで、同じミスを繰り返さず、組織全体の業務品質向上につながります。

最後に、ミス発生時には、関係者とのコミュニケーションが重要です。互いの状況を理解し、協力して問題解決に取り組むことで、二次被害を最小限に抑えられます。大きなトラブル対処において初動が大事であることは間違いありません。そして、焦らずに冷静さを保ち、全体像を把握し、適切な対処法を見つけることが重要です。連鎖ミスや二次被害を防ぐためには、ミス対処法を継続的に検討し、周囲とのコミュニケーションを大切にすることが求められます。

また、組織のナンバー2の視点では、メンバーに対しての気遣いやサポートも忘れてはいけません。メンバーがミスによって落ち込んでいる場合には、励ましや適切なアドバイスを行い、チーム全体のモチベーションを維持する役割も担います。そのためにも自身がポジティブなエネルギーを持ち続け、メンバーに勇気を与えることが重要です。

トラブルはリスクであると同時に成長のチャンスでもあります。初動を大切に、みんなで力を合わせて乗り越えることで組織の対応力が高まり、事業品質や業績のアップにも繋がるので恐れることなく、冷静に対応していきましょう。

ミスをしてしまった時に焦ってすぐに動くとさらに事態を悪化させる「連鎖ミス」へと繋がります。まずは一旦冷静に状況を把握し、最適な解決策を見つけ出してから動くことが大切です。ナンバー2は二次被害を防ぐための5つのポイントを実行しつつ、ミスをしたメンバーの心が折れないように気遣いやサポートを行って勇気づけをすることが重要です。

最も面倒くさい事態を避けるための習慣

■周囲から「マメだね」と言われる私に対する大きな誤解

僕は周囲の方々に「マメな人」だと言われることが沢山あります。たしかに仕事では「かたわら」という屋号で組織のナンバー2ポジションを兼任し、トップの思いつきを形にしたり、組織全体で抜け漏れをいかになくすかを仕組み化したりしているし、プライベートでも飲み会の幹事や旅程の手配など細かいことを率先して引き受ける方でもあるので、関わった人がそう感じることは理解できます。またそう言って頂けるということは少なくともご迷惑はおかけしていないのでしょうからありがたいと思いつつ、実は自己認識としては真逆だと感じています。

僕は面倒くさがり屋です。全くマメではありません。むしろ「超」がつくほどの面倒くさがり屋さんだと自分では思っています。それは仕事に限らずプライベートや人間関係でも。この話をした友人からは「意外!」と言われましたが、実際そうです。

そんな僕がマメだと言われるようになったのは、これまでナンバー2として組織運営に長く関わってきて感じているある一つの真理に起因しています。

それは、ほとんどのトラブルは「面倒くさい」と感じたことから始まるということ。生きていれば誰だって面倒くさいなと感じる場面はあると思います。でも、それを放置してもっと面倒くさく発展してしまったことってありませんか。

僕は学生時代からこれまで何度もそれで痛い目に遭ってきました。それだけに今は「面倒くささ」との付き合い方を身につけ、ついには周囲からマメな人と思われるようにまでなりました。なぜそうなれたのか。そこには物事の捉え方と仕事の進め方にコツがあります。

■最も面倒くさい事態を避けるために

まず、僕がいつも考えているのは「真の面倒くさい」がどこにあるのか、ということです。僕の場合は「何か期限がある物事の締め切り直前や当日・本番でのミスや抜け漏れ」にあります。

例えば、誰かに頼まれた調べ物、大切なプレゼンテーションやイベントの準備、会食やデートでのお店の手配など、仕事でもプライベートでも毎日のように誰かとの約束事や事前準備が必要なことって起きますよね。

その一つ一つも正直面倒くさかったりするわけですが、これらを抜け漏れしないようリストなどに一旦まとめておきます。皆さんだったらこれらのリストをどのタイミングで片付けていきますか？

優先順位をつけて大切なものから。日付が近い順から。すぐ終わるものから。人によってどこから手をつけていくかは異なるかと思います。

僕は「すぐ終わるもの」は全部片付けてしまった上で、「優先順位の高いもの」を処理していくことを基本にしています。そして何より大切にしているのは何においてもギリギリにならないようにすることです。期限からある程度前の段階でミスや抜け漏れに気付いたとしたらリミットまで時間があるので、上司や周囲などに助けを求めてなんとかできますが、当日もしくは本番中のミスやトラブルはもう取り返しのつかないことになる可能性が高く、リカバリーするにしても、とてつもないパワーとストレスを伴います。同時に、その日にやろうと思っていた他の仕事も全て止まってしまい、連鎖的に以降のスケジュールも狂っていきます。

ナンバー2ポジションはただでさえ抱えている仕事の数が多いのに加え、面倒な案件が集まりやすく、組織に対する影響力も強い立場なので、自分が崩れてしまうと周囲のメンバーや組織全体の運営にも支障を起こしかねません。

僕は過去に何度かタスク管理で失敗を起こしてしまった経験から今は準備をきっちりしておいたほうが後から面倒くさいことになりにくく、結果的に楽だと思うようになりました。

■より早く、徹底的にやり切ると結果的に楽になる

では実際僕が仕事を進める上で普段からどのようなことに気をつけているのか、大きく三つのポイントをご紹介します。

一つ目は手段問わずとにかくメモること。後々面倒くさくならないためにも事前にしっかり準備をする。物事をそう捉えられたら、とにかくメモをとりましょう。

仕事でやらなければいけないこと。誰かからの伝言。お願いされたこと。電話やメールの折り返しなど。ひとつひとつは小さなことですが、もしこの中のひとつでも忘れてしまうと後から大トラブルになってしまいますよね。そうなってしまった時こそ面倒なので、僕は電話をかけたりメールを返したりといった小さな予定や作業までほぼ全てをメモツールに一旦まとめています。

皆さんがメモをするのはいつも見るものであれば手帳でもスマホでも何でもいいと思います。ただし、メモは分散させず一つのツールにまとめること。分散してしまうとかえって抜け漏れの原因になります。その上でとにかくメモをとる習慣をつけることが大切です。

二つ目は締め切りを全部前倒しすること。

僕は学生時代、レポートや課題が大嫌いでなかなか手がつけられない人でした。結果、提出期日ギリギリになって徹夜して間に合わせる始末。でも今の僕は違います。原則、全ての締め切りを三日以上前倒しするルールを自分に課しています。

このルールを課す際のポイントは、案件が発生した時点で締め切りを実際の期限の三日以上前に設定すること。案件をある程度動かした後に締め切りを調整することはなかなか難しくなるからです。自分で決めた締め切りが実際の期限より前に設定されていることで、万が一緊急対応が出た場合でもある程度余裕を持って対応できますし、確認や校正が必要な場合でも修正する時間を十分に取ることができます。

本当は三日と言わず、一週間くらい前倒ししたいんですけどね。実際やってみて三日程度が精一杯だなと感じています。

三つめはリマインドの鬼になること。

自分のタスクコントロールがある程度できるようになったとしてもまだ面倒くさい事態発生リスクは残っています。それは、依頼をした人が忘れるパターンです。忘れたのはその人だったとしても、依頼主が自分であれば、最終的にトラブルになった時に困るのは自分です。特に仕事の場合だと自分がメインで進めている案件であれば他人が忘れて期限に間に合わなかった場合も自分が責任を取らなくてはならない事態になりかねません。

しかも、他の人にしかできない何かをしてもらうケースでトラブルになると、自分がやればいいというわけにもならず、リカバリーもその人次第という形になるのでかなり大変です。具体的には自分がディレクターやプロジェクトマネージャーで、デザイナーさんやエンジニアさんを使って進めるケースなどが当てはまりますね。なので、誰かに依頼した案件はその案件の大小に合わせて一週間前や数日前などに本人あてにリマインド（お待ちしていますね！メッセージなど）を必ずするようにしています。

そんな面倒なことやっているの、と思われた方もいるかと思います。ただ、この三つのポイントを中途半端にではなく、しばらく徹底的にやり切ってみて下さい。するると、次第に自分の目の前で面倒事が起こる数が減っていくはずです。トラブルの種を生まなくなるので面倒な事態が起こらなくなっていきますし、自分自身の感覚も変わり、些細なことを面倒だと思わなくなります。

こうして面倒くさいことにちゃんと向き合い、事前に対処する仕事の仕方を身につけると、結果として周囲の人達から見てマメな人になります。

前述した通り僕は元々マメだったわけではなく、何度も失敗を経験した上で大抵のトラブルが面倒くさいなと感じたことから始まっていると気付き、より面倒くさい事態になるのが嫌だからと物事の捉え方と仕事の仕方を変えただけです。なので、誰もがマメになれると僕は思っています。

もし普段の生活や仕事の中で「面倒くさいな」と感じた瞬間があったら、それは大きなトラブルの予兆かもしれませんし、自分を成長させるチャンスかもしれません。

殆どのトラブルは「面倒くさい」と感じたことから始まる。最も面倒なのは期日直前・当日でのミスや抜け漏れ。「あの時対処していれば……」と思ってももう取り返しのつかない事態になってしまいます。最悪の事態を起こさないためには「より早く、徹底的にやり切る」ことを習慣づけること。すると、予期せぬトラブルが起こりにくくなり結果として楽になります。

失敗しない組織よりもナンバー2が創るべき組織とは

■優しい上司の下に優秀な部下は育たない

社会人になって二年目、隣の部署の同僚と休憩時間が一緒になるといつも「うちの上司、仏様かと思うくらい優しくて」と話してくるのが、羨ましくて仕方がありませんでした。

僕は本社に異動になってしばらくしたところで広告担当に抜擢され、決裁者が社長という、実質社長直下のようなポジションになってしまったからです。当時の社長は血気盛んで僕に対して何か気に食わないことがあればすぐに怒声と物が飛び交う修羅場となりました。組織図上は一応僕の上にふたりの上司がいたのですが、ふたりとも社長の逆鱗に触れたくないのでほぼ我関せずというスタンスで僕は放置されていたのです。

隣の課長は怒ったのを見たことがないくらいとても温厚で部下達からも好かれていました。ただ、仕事ができるかといえば目立った成果をあげているのも見たことがないという印象。

一方の僕はというと毎日社長に怒鳴られ、何度も原稿を突き返され、時には物が飛んでくるという生存を懸けたサバイバルな日々。今振り返ってもよく辞めなかったなと思うくらいスパルタ指導を受けていました。

しかしそれから二年後、僕と同僚との間に大きな変化が生まれます。僕には史上最年少で飛び級昇格の内示が出た一方、隣の部署からは誰一人として昇格者が出ていなかったのです。

優しい上司で叱られることもなくノンストレス。一見最高な環境に思えるのですが、何が起きているのでしょうか。


もう一つ、僕自身が体験した不思議な話があります。

顧問先の企業にて、A・B・Cという三名の店舗マネージャーの評価について話が及んだ際、経営側からマネージャー個々人の意欲や資質について、Cさんが最もやる気も高く行動力もあり高評価。次点はAさん。Bさんは社歴こそ一番長く、人柄も愛されキャラではあるものの、地頭が良くなく、数字にも弱いという評価がなされました。

実際、僕自身もBさんは底抜けに明るくポジティブな性格ではあるものの、会議ではとんちんかんな発言が多く、売上や成果についての質問にも即時に答えられないなど、正直マネージャーとしての資質すら怪しいと感じていたのですが、一方で人材教育の視点で見たときに不思議なデータが。

部下の昇給・昇格実績を見たところ、Bさんの店舗が最も役職者を輩出しており、逆に経営陣から最も評価の高いCさんの店舗はほとんど誰も昇格していなかったのです。

これは一体どういうことなのでしょうか。

■行動管理は優しさではなく「ただの保身」

気になった僕はマネージャーCさんのマネジメント手法や店舗でどのように部下と相対しているのかを出張した際に事務所内で一緒に仕事をしたり、同店のメンバーと夜飲みに行ったりして探ってみました。

すると、Cさんが部下全員に「マイクロマネジメント」を徹底していることが浮き彫りになってきたのです。

業務のほぼ全ての手順やプロセスを「見える化」して管理し、いつ・誰と・どのような商談をしたかも全て報告させ、メールのやりとりは全て自分を含めて行い、毎日日報を提出させるという徹底ぶり。決裁についてもどんな小さな案件でもCさんが意思決定し、部下が任せられている部分は一切ありませんでした。

だから経営陣からどんな質問をされても全て即座に答えられるのです。経営陣からは評価の高いCさん。ただ、現場を見る限り必ずしも優秀というわけではなさそうです。実際、一緒に食事をしに行ったメンバー達からは「監視されているみたいで怖い」「事務所が息苦しい」「完全に指示通りやらないと叱られる」といった不安や不満が次々と口をついて出てきました。

僕は翌日Cさん自身が自分のマネジメントスタイルについてどのように考えているのか直接聞いてみました。

「私は部下に余計な失敗で心労をかけたくないんです。自分自身が若手の頃たくさん失敗をして叱られて大変だったので。なので、私が全ての責任を負い、失敗が起きないように部下の行動を確認するようにしています。」

なんとCさんは部下に対する優しさから、マイクロマネジメントを行なっていたのでした。

ただ、結果としてメンバーのモチベーションは下がり、この店舗からは成長し役職者に昇格したメンバーも出ていないことからも分かるように、本人は部下のためにと言っているものの結局は自身が上から怒られないための保身でしかないように僕は感じました。

ちなみに前述した、最も昇格者を輩出しているBさんの店舗にも伺ってみたところ、主任や係長達が「もー！　またマネージャーいない！　ウチらがしっかりしないと店潰れるわ！」と口々に文句を言っていました。

しかし、彼らとその日の夜食事に行って話を聞いてみると、

「あ、すみません！　あの愚痴はいつものネタみたいなもので（笑）。僕らはわかっているんです。マネージャーは店舗にいない時が多いけど、その分地域の人達と繋がりを作ってお客様を連れてきてくれるんですよね。もし何かトラブルが起きても最後は矢面に立ってくれるし。」

と、Bさんは自分自身の得意なことにフォーカスし、その分店舗のことは部下達に任せるスタイルを取っていたのでした。

■自身で体験した成功と失敗こそが人を大きく育てる

僕自身の一社目でのスパルタ体験も、個人として優秀なCさんの店舗からは役職者が出ずBさんの店舗が最も役職者を輩出していたのも、全ては人が成長するために大切な要素に共通点があるのだと思います。

人間は自分自身で体験したことが最も身につき、学びにもなるのです。過去にどれだけたくさんの失敗をした上司であっても、部下が失敗しそうになる度にやっちゃダメと都度行動制限をしていたら、部下は自分が失敗しないように教えてくれているんだと最初こそ思うかもしれませんが、それが何度も何度も続くといずれこう思うでしょう。

「上司がやっちゃダメと言っていることって、本当に失敗するのかな……？」

結局実際にやってみてもいないのに失敗すると他人に言われたところで本当の意味での学びにはならず、全ての意思決定を奪われ続ければ部下は指示がないと動けない受け身体質になってしまいます。

Bさんの店舗から役職者が多数輩出されていたのは、数値管理やマネジメントが苦手なBさんがある意味それを全て部下に任せて自分が店舗に貢献できる得意な部分にフォーカスしていた結果、部下達に新しい仕事や難易度の高い挑戦の機会が与えられ、結果として成長に繋がったのだと思います。(マネージャーとしてどうなのか、はさておき)

僕自身を振り返っても、二十代前半のまだ何も知らない時期から経営者の直下でしごかれ続けたことで毎日のように叱責や失敗を繰り返す経験をし、その時は本当にしんどかったのですが、今となっては自分の働き方や成果に繋げられる行動の礎になっていることは間違いありません。

ナンバー2にとって、人材育成は事業成長とビジョン実現に直結する大切な仕事です。その際気をつけたいのは自分自身の失敗経験を部下にも押し付け、失敗する機会を奪ってしまわないこと。

大切なのは失敗をさせないことではなく、どう失敗させるか。大怪我をするような事故や失敗は未然に防ぐ必要がありますが、路上に転がっている小さな石までも躓かないようにと全て片付けてしまうのはやりすぎです。

自分がカバーできる範囲内では自由にやらせて挑戦と失敗をする機会を提供する。言い換えれば、大きな柵で囲った牧場のようなイメージ。柵の中では自由に走り回ってもいい状況をつくる。そして、その牧場を囲う柵は極力範囲が広いことが望ましいです。

それが「権限委譲」。実際にやってみるとわかりますが、これってかなり勇気が要ります。渡し過ぎて失敗したら自分が責任を負わなければいけない。かと言って管理しすぎれば、メンバーが育たないというせめぎ合い。

しかし、ナンバー2が率先して部下に仕事を任せることを背中で示しメンバーの成長が組織の未来を創るという価値観を実践しなければ、以下の管理職がそれに続くことはありません。共に勇気を持って仕事を任せ、失敗してもいい組織をつくっていきましょう。

優しすぎる上司の下では部下が育ちにくい。それは優しさではなく上司自身の保身かもしれません。人は自分自身で体験した成功・失敗が最も身につき、成長に繋がります。ナンバー2に求められるのは失敗をさせないことではなく、どう失敗させるか。大怪我はしないようにしつつも皆が思い切って挑戦し失敗できる組織を創ることが大切です。

現状維持は衰退の始まり

■無敵感しかなかった二十代

「まあいっか、徹夜すれば。」

二十代前半の僕の口癖。当時の僕は気力と体力が無限にあるかのような錯覚に陥るほど、自分に対してある種の「無敵感」を持っていたのを覚えています。

そしてその源泉は、やりたかった仕事を任せてもらえている楽しさとやりがい。そして、その仕事を全うしたいという想いからどれだけ帰りが遅くても休みが取れなくても特に苦痛を感じることなく、終わらないなら朝までやればいいかという感覚で日々の仕事に打ち込んでいました。

ただ、そんな無敵感が永遠に続くわけもなく、二十六歳を迎えたある日、突然ギアが一つ下がるかのような変化が僕を襲いました。オール（徹夜）が辛くなったのです。

■時間を費やすだけじゃない働き方

徹夜がしんどくなってからの一年間は本当に大変でした。

なぜなら自分の仕事のスタイルが質というより完全に量任せだったからです。とにかく自分一人でバタバタ仕事をこなしていたため、今ほどネットが発達していなかったこともあり、資料一つ回収するのにも直接店舗に行ったり、電話が繋がらない店長には夜討ちするかの如く閉店後に店舗まで押し掛けて用件を話したりと走り回って、全ての仕事を自分で抱えて体力のみでカバーする。

そんな無茶が成り立っていたのは前述した無敵感があってこそ。スターを失い、無敵ではなくなった僕はその働き方を見直さざるを得ない局面に追い込まれたのです。

とはいえ、これまで時間を費やすことしかしてこなかった僕はどうしていいかわからなくなり、当時社内で最も信頼していた上司であり、恩師でもある専務に相談しました。

これまでのやり方を伝えると専務は「よくそんなやり方でここまで来られたな」と呆れ顔。働き方を変えるために、まず「三つの変化」に挑戦するよう指導を受けました。

❶つまらないプライドを捨て、周囲に「助けて」と弱さを見せろ
❷徹底的に無駄を洗い、無駄を潰し、効率の鬼になれ
❸保身から卒業し、部下を信じて権限移譲しろ

初めてこれを言われた時、ザクザク心を抉られたことを今でも覚えています。いずれも僕がこれまで苦手としていてできていなかったことだからです。

ただ、それ以上に僕は仕事の納期を守ることへの責任感が強く、決して大袈裟じゃなく「納期オーバー＝死」だと思っていたため、ここで自分を変えなければ仕事が破綻するという恐怖から三つの変化を受け入れることができました。約一年をかけて自身の仕事を断捨離し、一人で仕事をするのをやめて部下とチームで仕事に臨み、周囲の部署との連携でより効率的に仕事を進められるようになったのです。

何とか仕事のスタイルを変え、今の自分の土台となる働き方を築くことができた感謝を恩師に伝えたくて、少し仕事が落ち着いたタイミングで食事にお誘いしました。その場で自身の成長ぶりと感謝の想いを伝えると、恩師は笑顔を見せながらもチクリと一言。

「安心するのはまだ早い。お前はようやくスタートラインに立っただけだ。」

むしろ新しい働き方を築けてゴールしたくらいの気持ちだった僕には意味がわかりませんでした。首を傾げる僕を尻目に、恩師は続けます。

「現状維持は衰退の始まりだよ。今回お前が感じたように人は年齢を重ねることで確実に体力も知力も集中力も下がっていく。それに加えて、周囲の状況も日々どんどん変化していく。本人が現状維持だと思っていても、実際には成果の量も質も徐々に下がっているのさ。だから、今がスタートライン。」

僕は現状維持が衰退の始まりであることは理解できたものの、今自分が何のスタートラインに立っているのかが掴めず、恩師に再び教えて欲しいとお願いしました。

「じゃあ、教えてやる。その代わり、私と一つ約束をしてくれるか。」

■新しい挑戦が自分と世界を変える

もちろん恩師の言うことであれば、と僕は快諾しました。そして、僕は今の自分の人生を形作ったターニングポイントとなる一言に出会います。

「何か一つでいい。毎年新しいことに挑戦し、過去の自分を超え続けなさい。」

その日から約二十年、僕は毎年必ず昨年までの自分がやったことのないことに挑戦することを続けています。

新たな企画や事業を提案したり、新しい採用手法を確立したり、初めての異業種交流会に参加したり、ゲーム実況を始めたり、一眼レフを買い本格的に写真を始めた年もあります。恩師の言葉通り、どんな小さなことでもいいので、昨年の自分にプラスして何か新しいことを始める習慣をつけていくと僕自身とその周囲にどんどんと変化が起きていきました。

まず、出会う人が変わります。新しいことを始めるとこれまでの生活の延長線上では出会えなかった人と繋がるようになるのです。そして、新しい人との繋がりは新たな知識を得ることに繋がり、自身の視野が広がります。人脈が増えて視野が広がり、知っていることが増えると新たにやりたいことが見つかります。やりたいことにトライし続けていくうちに「やりたい」が「できる」になるのもいい変化でした。できることが増えて、周囲の人達に発信していると、それを必要としてくれる人からお仕事を頂けるようにもなるのです。

こうして、パチンコ企業に勤める一介の会社員だった僕は、マーケティング×人事という専門領域を持ち、複業を始め、個人事業として開業し、地域コミュニティの運営に関わり、今は北海道から組織と地域を越境して働くオーダーメイドの組織創りプランニング会社を立ち上げるに至りました。

もしかしたら、この本を手に取ってくださった方の中には「ナンバー2（支える人）になりたいけど、今の自分では無理だ」と思っている人もいるかもしれません。

でも、僕はいわゆる高学歴でも、何か特別なスキルを持っているわけでもない凡人です。そんな僕でも今のような働き方ができるようになったのは、現状維持をせず、挑戦し続けたからでしかないと思っています。

僕はこれまでの自分の人生で毎年世界が変わっていく体験を実感し、もう病みつきになってしまっているので、これからも恩師との約束を守りまだまだ毎年挑戦し続けていくと思います。

そこで提案です。もしよかったら、あなたも僕と一つ約束をしませんか。

「何か一つでもいいです。毎年新しいことに挑戦し、過去の自分を超え続けてください。」

無敵感しかなかった二十代。しかし人は誰しも年齢を重ねるごとに体力も思考力も下がっていきます。そんな中での現状維持は実は維持ではなく徐々に衰退しているのです。でも諦める必要はありません。小さくてもいいので毎年一つでも新しい挑戦を続けていきましょう。すると、自身の成長を感じ、取り巻く世界も徐々に広がっていきます。

第6章

組織も自分も幸せになれるNo.2へ

組織のビジョンを叶え、みんなを幸せへと導くNo.2。
そんな「支える」個性を持つNo.2自身が
幸せになる為に意識したいこととは。

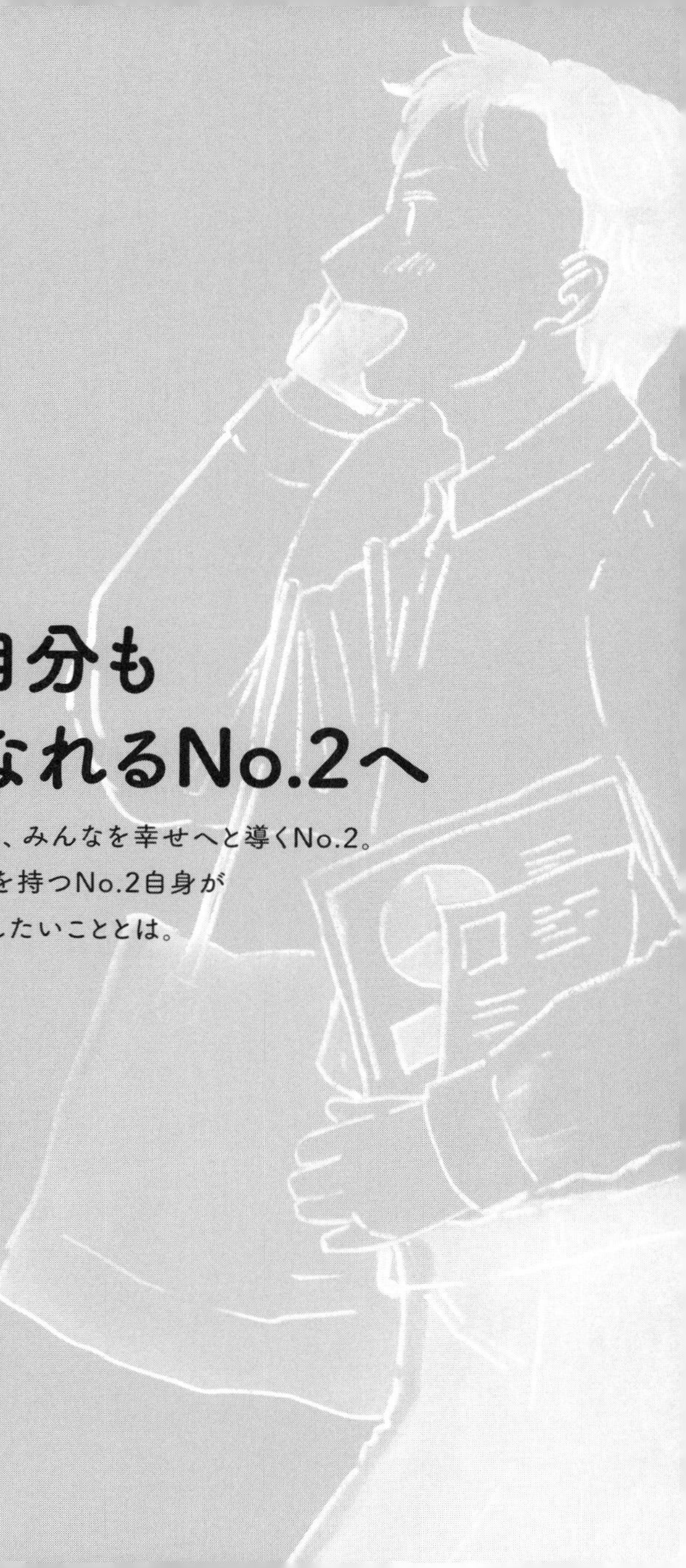

一緒に仕事をしたい人には想いの強さと行動力がある

■SNSで出会った「すごそうに見える」人達

都内某所、僕はこの場に来るまでに思い描いていた想像とあまりに違う現実を目の当たりにして戸惑っていました。

「彰悟さんにぜひ会って欲しいすごい人がいるんで繋いでいいですか?!」

複業家としてまだ駆け出しの頃、東京で出会った知人からこのような声をかけられたのです。ＳＮＳで数万人フォロワーがいる人事系の方が知り合いなので、会わせたいとのこと。当時の僕はＳＮＳの使い方がまだ定まっておらず、フォロワーが千人くらいだったこともあり、数万人のフォロワーがいる人事系の人ってどんな方だろうと純粋に興味が沸き、東京出張のタイミングで会わせて頂くことにしました。

お会いさせて頂く前にその方のことを知っておこうと投稿を見てみると、確かに採用や組織に関することをたくさん呟いており、いいね!もたくさんついています。ただ、その歯切れの良いコメントとは真逆に、僕の心はモヤモヤしていました。

面会当日。待ち合わせ場所は都内のコワーキングオフィス。当時流行っていた外資系企業が運営するコワーキングで行ってみたかった場所だったので、ワクワクしながら現地に向かいました。

現地に着くと、紹介してくれた知人と一緒に談笑しているその方。おおー、確かにあの人だ。僕は芸能人に会ったかのような気持ちを覚えつつ、名刺を交換させて頂きました。

「へー、複業人事！　面白いことやっていますね！」

僕の背景に興味を持ってくれたのか、どんな仕事をしているのか、その働き方など色々と質問をされたので、自己紹介がてらざっくばらんにお答えした後、今度は僕からその方のやっている仕事について掘り下げてみると「まあ、コンサルみたいな感じで関わらせてもらっています」とのこと。

大きな会社でC x O（Chief x Officer）をやっているとプロフィールには書いてあったのですが、所属はしておらず関わった程度とのこと。戦略人事についてたくさん呟いていたので、これまでの苦労話など具体的な話をしたいと思い、自分から現場での具体的な体験を話してキャッチボールをしようとしたら「守秘義務があるから話せないんですよね」。

じゃあ、話せる範囲で一部伏せて頂いても構わないので、と前置きをして先日彼がSNSで発信していたメンバーマネジメントのやり方指南について、その後どうなったのかを聞いてみると、「え、何でしたっけ、それ。ちょっと待って下さいね」と自分のSNSを遡って発信を確認。そして数分後、「いや、まあくまで一般論でして、私が何かをしたというわけじゃないんですけどね」とのことでした。

その後いくつか質問をしても具体的な成果に触れる返事はなく、やがて自分のことを聞かれるのを避けるかのように、僕の経験を根掘り葉掘り聞いてくる時間が続きました。

約一時間後、結果として自分の経験をたくさん話しただけの面会が終了。「すごい人」改め、「すごそう」な人でした。

■一般論か自分の言葉かでその人の本質はわかる

人事でも、広報でも、マーケティングでも、特定分野でフォロワーが多い人によくある共通点として当たり前のことを上から断定系で話す感じがあります。

経験者が見れば教科書通りの一般論的な内容を、あたかも自分が思いついたかのように上から目線で投稿しているけれど、具体的な事例や現場の状況・背景がわかるような内容は何もない発信。でも多分一般の方から見るとそれっぽい感じで、それなりに反応は得られるのです。

前述した僕がお会いした「すごそうな人」のSNSもまさにその感じで、お会いした後に振り返ってみた時に、だからモヤモヤしたのかと自分の違和感の正体に気づいたのでした。

何のためにＳＮＳをするのか。その目的は人それぞれなのでどんな使い方をするのも自由だと思います。

僕はＳＮＳを通じて自分と価値観が近しい仲間や、価値観は異なっても勉強になったり興味深い活動をされていたりする方と繋がりたいなと思っているので、その方とは合わなかったわけです。もし、同じような価値観を持っている方がいましたら、気になった人のＳＮＳでの発信内容をちょっと見るだけでその人の本質が滲み出てきていることに気づけると思います。

例えば、具体的なエピソードがなく、一般論に終始しているケース。それはそうだよねという当たり前のことをそれっぽく書いているが具体性がありません。また、背景は人それぞれなのに、ノウハウを断定系で言い切りがちです。そして、借りてきた言葉ばかりで、自分の言葉がありません。どこかの本か偉人の名言から取ってきたような言葉が並んでいるけれど、その人の気持ちが見えません。そんな投稿ばかりしている人を見かけるとそっと距離を置くのと同時に、自分もそうならないようにと自戒しています。

そして、これは何もＳＮＳに限らず組織内でのリアルなコミュニケーションにおいても同様です。トップやナンバー２の発言はメンバーみんなが注目しています。たとえ綺麗にまとまっていなくても、変に取り繕った一般論を語るより、自分の言葉で語ることの方がよっぽど大切だと感じます。

■一緒に仕事をしたい人には想いの強さと行動力がある

ナンバー2として組織マネジメントをしていると採用に関わる場面は必ずあります。そして、採用の成否は組織の未来を左右する重要な仕事です。

皆さんが自分達の仲間として迎え入れたい人はどんな人でしょうか。

僕はこれまで二十年ほど採用の最前線に携わってきて、正確には数えていませんが述べ数千人は面接をしていると思います。面接では過去から現在へと、その人のこれまでの人生を振り返りながら、自社とのマッチングをはかりつつ、未来を一緒につくっていくワクワクを共有できるかを対話から見出したいのですが、どんな企業の面接を担当したとしても必ず大切にしていることがあります。

それは、「言葉よりも成果や人間性を見る」こと。

駆け出しの採用担当者や、普段面接をしない先輩社員がリクルーターとして採用面接に関わる際に陥りがちなミスとして「口の上手い人」に合格を出してしまうケースがよくあります。

確かにどんな仕事であっても顧客や周囲の人とコミュニケーションを取りながら進めていく以上、トークが上手いことを良く感じてしまうのは理解できます。ただ僕のこれまでの経験からも、中には口「だけ」上手い人も一定数いるので気をつけなくてはなりません。

そこで確認すべきは、具体的な成果とそこに至るプロセス、そしてそれを語っている時の熱量や表情から伝わってくるその人の人間性です。

口は上手いけど、これまで何も成してておらず全て短期・中途半端に投げ出してきた人。
口は上手いけど、うまくいかなかったことを全て他人や会社のせいにする人。
口は上手いけど、自分が何を大切にしていて今後どうなりたいのかを話せない人。

このような人は自分自身の弱さと向き合い受け入れるという「壁」をまだ超えていないため、何度転職しても、どんな組織に入っても、過去と似たような理由で退職しがちです。

一方、入社後何の仕事をするのかにもよりますが、言葉は少なくてもしっかりと実績を積み、仲間のために行動し、未来に懸ける想いをまっすぐ語ってくれる人は評価したい。

そこに年齢や性別などの背景は関係ありません。僕が一緒に仕事をしたいなと思う人には、叶えたい強い想いがあり、口だけじゃなく実際に行動している具体的なストーリーがあります。

そういう人を惹きつけられる組織を創ること、そういう人をしっかり見極められること。ナンバー2が担う重要な役割だと思います。

どんなに綺麗な言葉で着飾って自分を大きく見せても直接会って話せばすぐに本質はバレる。一方で周囲から信頼される人には叶えたい強い想いと共に実際に行動に移している実績があります。ナンバー2として人を見極める際にも「言葉よりも成果や人間性を見る」ことを大切にしましょう。

人との出会いはタイミングと偶然の連鎖で紡がれる

■無理に会おうとすると良いことがない

「ファンだったんですーって来られると困っちゃうんだよね」

とあるイベントで一緒に登壇した著名人の方が打ち上げで言っていた悩み。

今となっては何を言いたいのかわかるようになりましたが、僕自身もまだ今ほどSNSでの発信や越境しての複業をしていなかった時、フォロワーが多いビジネスパーソンの方々に対して憧れを持っていた時期がありました。

そんな憧れのビジネスパーソンが自分に近しい人と一緒にイベントに出たり、打ち上げに来ていたりという現場に立ち会えたある日、僕は舞い上がってしまい、名刺交換を申し出て自分のことを一生懸命アピールし、ツーショット写真を撮ってもらって、会えた喜びの言葉と共にSNSにアップしました。今振り返ってみると、それをしたからって何か未来に繋がるようなことが起きるかといえば何もなく、むしろその著名人の方にとってもすぐに忘れる存在になってしまうだけだったなと思います。

どんなに有名な人でも、中身は普通の人間。様々な場面で出会った人の中から、気が合う人とは友人になり、スキルや能力が高く想いを共にできる人とは仕事で一緒に組む仲間にもなるでしょう。

ただ、最初の接触で「ファンです！」と来られてしまうと、その時点でタレントとファンといった関係性になってしまい、それ以降に友人や仲間といった関係になるのは難しいだろうなと思います。

会いたい！と思った人と繋がる人脈や共通項が何もない状態で、無理にその方が登壇するイベントなどに参加して繋がったところであまり意味がないということですね。

■ご縁はタイミングと偶然の連鎖で紡がれる

趣味程度に社外で就活支援サークルをやっていた時期から、人事顧問という形で自身のスキルと経験を仕事として中小企業や自治体へと提供する複業家になり、やがて自分の持つナンバー2個性も併せて提供する「かたわら」という会社と、北海道を本気で盛り上げたい人達が集う地域コミュニティ「えぞ財団」を立ち上げるに至ったここ八年間くらいを振り返ってみました。

今でこそ全国の地方自治体で人材育成のお仕事をさせて頂いていますが、自治体との最初の繋がりができたのは、最初の複業として始めた大学生向けの就活支援サークルを一緒に立ち上げ、動かしてくれた大学生起業家（当時）との出会いとこのサークルが新聞に取り上げられたことがきっかけでした。彼が地元の自治体に僕を繋いでくれたから、その自治体で窓口担当者となった人と仲良くなることができ、後に東京での地方自治体職員向けの研修講師の仕事に繋がったのです。

さらに、研修を受けてくれた全国各地の自治体職員の方々との繋がりから、彼らが地元に戻った後に僕を呼びたいと働きかけてくれたことで、今は複数の自治体での人材育成支援に取り組めるようになりました。

自分がこれまで培ってきた人事としての経験が誰かの役に立てばと思い、試しに始めたネットラジオ。コツコツと回数を重ねていく中で、節目の回に思い切ってやってみた公開収録で、協力してくれたゲストと参加者との交流の中から後に「えぞ財団」の構想へと繋がっていく出会いが生まれたこともあります。

今、かたわらという会社を一緒に運営している唯一の社員とは、元々僕が本業として採用担当をしていた会社を新卒採用で受けてくれた就活生として出会いました。その時はご縁がなかったものの、ＳＮＳでゆるく繋がり続けていたところ、それから約二年半後にお互いキャリアの節目が重なったタイミングでたまたまランチする機会があり、その日をきっかけに一緒に組むことに。多分彼女との再会がなかったらまだ法人化せずに個人事業主のままだったでしょう。

こうして、たくさんのご縁に恵まれて今の自分に至ったわけですが、全てはタイミングと偶然の連鎖によって紡がれたものだと思います。ただし、それはただ運が良かったわけでも、ある日突然ご縁が生まれたわけでもありません。

■肩を並べて話せるようになった時、自然とご縁は繋がる

自身のナンバー2という個性を活かせる働き方を追求し、人生が豊かになった八年間。その礎となった仲間達との出会いは、僕自身がとにかく動き、新たな挑戦をし続けたことで生まれたのだと思います。

今、僕の周りでお仕事や地域活性のプロジェクトを一緒に進めている仲間達。みんな数年前の僕から見ればすごい人達ばかりです。そんな人達と一緒に日々楽しく刺激的なことに取り組めているのは本当に幸せだなと思う一方で、じゃあ過去の自分と今の自分は何が変わったのかを考えてみたことがありました。

過去の自分はSNSなどで知ったすごい人に憧れて、その人が登壇するイベントに一観覧客として参加しに行き、たくさんの他の参加者に混じりながら一言二言話すのがやっと

という出会い方をしていました。

今の自分はというと、共に仕事を進めている仲間達からの紹介や、運営している地域コミュニティのイベントにお招きする形など、全国各地で活躍している方々に自然と出会い繋がれるようになりました。

自然と繋がりを持てたあと、食事やお茶を一緒に楽しみながら腰を据えてゆったり話せる環境でお互いの仕事について語り合い、何を成したいのかといった価値観を共有し合う時間がきっかけとなり、時には仕事をご一緒する機会に繋がっていくこともあります。

ただし、それは日々一生懸命目の前の仕事に向き合って成果を上げ続け、知識や経験、実績などを積み重ねて、フラット・対等に相手と話せる自分でなければ成立しないんだと思います。

逆に言えば、自分自身が成長し、会いたかった人と肩を並べられる自分になれた時、自然とその人と繋がる機会が生まれると気付くことができました。

会いたい人と会えないのは、まだその時じゃないから。無理に会いに行くのではなく、まずは自分を磨き、成長する方が先だと思います。

ファンとして出会うのか、仲間として出会うのか。最初に出会った時の関係性はその後の付き合いにも大きく影響します。会いたい人に会えないのはまだそのタイミングじゃないから。まずは自身のやりたいことに挑戦し続けて「できる」を磨くこと。自分と向き合い、コツコツ成果を上げ続けていると不思議なことに繋がるべき人と繋がる機会が自然と訪れます。

ナンバー2が自分自身の価値を伝える方法

■ナンバー2という仕事の伝わりにくさ

自身の価値を伝えることの難易度が高い。ナンバー2や支える仕事をしている人に多い悩みではないでしょうか。

例えば「コミュニティマネージャー」。オンラインサロンやコワーキングスペースなどのコミュニティをイベントやツールなどを用いて活性化し、参加者が円滑に利用・交流できる環境を整備する仕事で、近年全国各地で立ち上がっているコミュニティの運営にとってキモとなる存在です。

しかし、多くの転職サイトの職業検索欄に「コミュニティマネージャー」という職種はなく、まだまだ一般的には認知されていません。様々な事業や企画をスケジュールや関係各位を取りまとめて具現化し着地させる「プロジェクトマネージャー」も同様です。

なぜそうなっているのかというと、ナンバー2やコミュニティマネージャーのような「支える仕事」はセールスやマーケティングのように数字がはっきり出るわけでもないため、価値を測りにくく、評価がしづらいことが影響しているのだと思います。

一方で、様々な地域で経営者の方々と交流し組織課題の分析をしていると、こうした支えるポジションの人材が足りていない組織は多く、誰か紹介して欲しいともよく言われるので需要はあると感じます。

僕が経営する株式会社かたわらもメインサービスは人事顧問ではあるものの、実際のところは人事だけやるのではなく「ナンバー2人材である僕自身を複数組織でシェアしませんか」という部分にニーズがあるのだと実感しています。けれど、その価値は伝わりにくい。

■生存戦略は出会いの数と成果の質

僕も自分の価値をどう伝えていけばよいのかこれまでたくさん悩み、ホームページを作ったり、SNSを工夫してみたり、様々な手段を試してみました。やり尽くしてみた結果、直接会って話さないと無理！という結論に辿り着いたのです。

結局、ナンバー2の価値とは本人のキャラクター・人間性による惹きつけと現場で立ち回っている姿を見てナンボという部分が大きく、知識やスキルだけではない、その場の状況に合わせて動き事態を好転させる「何とかする」マインドセットこそに真骨頂があるのだと思います。

とくに僕の場合、提供している価値が「人事顧問」という組織の未来を左右する重要なポジションであることからも、ホームページでちょっと見かけて依頼しようとはなりにくいのです。現在のかたわらのクライアントは全て「紹介」から始まっているという事実からも、僕は力を入れるべき点を間違っていたのだと気付きました。

とにかくたくさんの人と出会える場に顔を出し、直接お話しをする。相手の話を親身になって聴き、相手の求めに応じて自身のやっていることをお伝えする。その上で今目の前で向き合っている仕事で必死に成果を出すことに注力する。やることはそれだけです。

愚直にそれをやり続けていくことで、ある日自分を取り巻く世界が動きました。

半年前、一年前に出会った人から「組織創りで困ったので相談に乗って欲しい」と連絡が舞い込み、今お付き合いしているクライアントの経営者からのご紹介で面談が組まれるなど、次々と案件が決まり出したのです。

■一つ一つの現場で成果を生みファンを創る

コツコツと種を蒔き続け、成果を上げ続ける。ナンバー2・支える仕事をしている僕らにとって、最大の広告宣伝はそれっぽい言葉を並べることでも肩書きを誇ることでもなく、現場での仕事ぶりにあります。

今すぐ買ってもらえるというよりは、必要になった時に思い出してもらえるかと、実際に成果がでたと喜んでくれている人をどれだけ増やせるか、その認知と成果の掛け合わせが次の仕事に繋がるのだと自分自身の経験からも実感しています。

「どうすれば彰悟さんのようになれますか？」

時折そうご相談を頂くことがあるのですが、僕からは「残念ながら、明日すぐに僕のような働き方にはなれないと思います」とお伝えしています。

僕が支える・調整する仕事を複業として提供するようになったのは今から約八年前でした。ただ、当時はお金を一切もらうことなく、就活生のキャリア支援と自治体×学生プロジェクトの企画運営をしていただけです。その後、縁あって自治体職員の方々が集まる場所での研修講師の依頼をもらった時も無償でした。

なぜそんなことをしたのかというと、そもそもお金を増やすことが目的なのではなく、元々僕自身が社会課題を感じていたことに対して自分のやりたいことを素直に一生懸命やっていたんですよね。

微力かもしれないけど、自分が提供できることで誰かの支えになれば。何か一つでも社会を変えることに繋がれば。そんな想いで学生のキャリア支援をしていたら、ある日新聞に取り上げられ、自治体とのプロジェクトに繋がりました。

自治体との連携プロジェクトで学生達と一緒に全力でその街の課題に向き合っていたら、そのプロジェクトの窓口を担当してくれていた自治体職員さんの縁で、東京での自治体職員研修を依頼されることになったのです。

無償だったとしてもこれまで体験したことのないような研修を提供したいと、ヒアリングを重ねて相互交流・体験型の職員研修を実施したところ、何度か呼ばれるようになり、やがて著名な方が登壇される大きな研修にサブ講師として有償で招いて頂けるようになりました。

その後も、研修を受けてくれた自治体職員の方が地元に戻って人事担当となり自治体での研修講師を依頼して下さったり、かつて就活支援をしていた学生さんが社会人となってその子からの縁でお仕事をもらったり、とありがたいことにご縁の連鎖からたくさんの仕事に恵まれて今に至りました。

やり続けていたのは、自分が大切にしたい想いに素直に従ってやりたいことに動き、好きな人の支援をし続けること、そしてその現場では全力で成果を創りにいくこと。

そこで生まれた価値が関わって下さった方の心に響き、結果的に必要な場面でお声がけ頂ける。こうして種を蒔き続け、成果を上げ続けることで後にご縁となってかえってくる。自分の価値は言葉だけじゃなく、現場で実際に体現して伝える。それが、ナンバー2・支える仕事で生きていくために大切なことじゃないかなと思います。

ナンバー2や支える人のニーズはある、けれど価値が伝わりにくいことにどう向き合うか。それは起業家のようにSNSなどでの派手なブランディングというよりも、対面で直接会って一つ一つの現場でコツコツ成果を上げてファンを創ることが大切だと感じます。時間はかかるかもしれませんが、築いた成果は盤石な信頼となり、やがて評判を呼んでご縁となってかえってきます。

種をまき続けることで未来はひらける

目の前の仕事がいつまでもあるとは限らない

「なぜ、誰もやっていなかったのに複業を始めたんですか？」

自己紹介をするとよく聞かれる質問です。

僕が複業を始めたのは今から約八年前。

当時は政府が「働き方改革」という旗を振り副業・複業を本格的に推奨し出す前で、全国的にもまだ複業をしている人は珍しく、まして僕の地元北海道では「複業？　何それ？」というくらいの認知度で本業一本に絞って働くのが当たり前の環境でした。

そんな中、僕が複業を始めた理由。そもそも勤めていた企業でみんな勝手に副業をしていた（副業という認識もなく）という環境だったのはありますが、それよりも僕が将来に対して抱いていた不安や焦りがきっかけとしては大きいです。

目の前の仕事はいつまでもあるわけじゃありません。

終身雇用制の実質的な崩壊、地方の企業で年収を上げる難易度の高さ。そもそも少子高齢化が加速している日本において、終身雇用＝正社員（無期雇用）をこのまま続けていくのは無理があります。遅かれ早かれこの仕組みが崩壊するだろうと感じていた僕は「一社に人生の全てを預ける」ことに大きなリスクを感じていました。

加えて、地方の中小企業に会社員として勤めていて東京並みかそれ以上の収入を得ることは現実的にほぼ不可能です。取締役クラスでも年収が一千万円に届く会社はごく僅かでしょう。

それどころか、査定書という一年間をかけて取り組む達成難易度の高い課題を与えられ、ようやくそれをクリアしたとしても「はい、おめでとう。来年から月給一万円アップね」といった苦労に三十年付き合い続けてようやく月給五十万円になるというゲームには僕は付き合えないと考えていました。

こんな状況に対して、北海道から東京に出て就職した同郷の仲間からも「北海道に戻りたくても仕事がなくて戻れない」と嘆く声がよく聞かれました。

組織人として戻るには大きな年収減を覚悟する必要があり、実際に東京から戻って来られるのは起業家かライター・エンジニアといった手に職系の仕事の方ばかり。

そんな中、地元に居ながらにして東京並みかそれ以上の年収を狙える手段はないか。そう考えた時に僕が可能性を見出したのが複業。

しかし、その可能性を周囲に唱えたところで、誰も相手にしてくれませんでした。「じゃあ、まずは自分がロールモデルになってやる」と思ったのが僕の複業の始まりです。

とはいえ、すぐにお金が欲しいというよりも「まずはやってみよう」と思って始めたので、お金としての収入は丸二年間ほぼありませんでした。

でも、当時から考えていたのは「報酬はお金だけじゃない」ということ。僕の場合も、就活サークルの運営をし続けたことで本業だけでは身につかない経験や出会えない人達との繋がりをたくさん得ることができ、それが確実に今の自分の礎になっています。

■仕事になるからではなく、好きな人だから会いにいく

今でこそ、株式会社かたわらとして北は北海道から南は九州まで、全国の企業・自治体で組織創りのお仕事をさせて頂いている僕。どうやって仕事が広がったのかというと、今のところすべてのクライアントが紹介またはイベントをきっかけにお仕事が始まっていて、仕事を取りに行くような直接的な営業はしたことがありません。

「よくそんな感じで仕事が増えるね」と言われることも多いですが、僕が株式会社かたわらとして大切にしている価値観があります。

それは、自分達が好きなトップ・自分が惚れ込んだ事業や地域・好きな人達が集う組織を応援したい、ということです。なので、知らない会社から高いお金を積まれたからやる、みたいなことはまずありません。僕らが「好きかどうか」が先に来るので、まずはその会

社や組織、中の人と直接触れ合うことがスタートライン。

実はそんな僕らが日頃から積極的に行なっている活動「好きな人の地元に勝手に会いに行くツアー」があります。

全国各地でイベントなどに参加していると、様々な出会いに恵まれます。もしそこでお話しして意気投合した方がいたら、タイミングを合わせて後日その方の地元にプライベートで遊びに行くようにしているんですよね。

でもこれは仕事になるかどうかというより、好きな人が想いを込めて働いている地域や現場を見てみたい！という好奇心で動いているだけです。

実際の場面ではせっかく伺ったので、現場を見て感じたことのフィードバックや組織の課題抽出をするサーベイをついでに提供することもあります。それはサービスというよりは、ありがたいことに現地にお伺いさせて頂くと大抵その方が大切にしている仲間をご紹介して下さったり、ご飯をご一緒させて頂けたりと、たくさんおもてなしをして下さることに対する恩返しだと思っています。

■想いで繋がればいずれ一緒に何かを創る時が来る

勝手に地元にお伺いし現場を見て、仲間の方々ともお会いして、食事も共にするとその人の価値観や叶えたい夢をより解像度高く理解できるので、大体もっと好きになっちゃいます。

同時に相手の方にも僕らが「何をできる人なのか」が伝わるので、それだけで十分。あとは、その場ですぐにお仕事になることもありますし、そうならないこともあります。


仕事にならなかったらコストの無駄じゃないかと思う人もいるでしょう。

でも、自分達が好きだなと思う人に、自分達ができることがしっかり伝われば、あとは相手のタイミングなので。実際、初めてお会いしてから一年後や二年後にご連絡を頂いて仕事になるケースも多々あったりします。

僕らにとっては、こうして好きな人に会いに行き、相手を理解し、自分を知ってもらうことが「投資」であり「種まき」だと思っていて、それをやり続けることが大切だと思っています。一度しっかり繋がって想いを共にしていれば、いずれどこかのタイミングでは一緒に仕事をする機会が生まれるはずなので。


ここまで僕ら株式会社かたわらのお話としてお伝えしてきましたが、こうした姿勢は「ナンバー2」や「支える仕事」で自立していきたいという方々にとっても大切なことじゃないかと思います。

明確なサービスや形のあるモノを売っているわけじゃない、起業するわけでもない、自身の「支える」特性そのものが商品な人が「その場で」買ってもらえることはほぼ奇跡というくらい確率が低いです。

なぜなら、相手の事業フェイズや組織構成、資産状況などを踏まえてタイミングががっちり噛み合った時に必要とされるお仕事だからです。

そもそも相手の状況もわからず売り込むこと自体に無理があります。本人に直接会ってみてなんぼのものなのです。そんな制約条件に対してやるべきことは、知ってもらう活動をし続け、繋がり続けていくことじゃないかなと思います。

僕らのようなナンバー2・支える仕事の価値が発揮できる環境、それは短期的なジョインではなく、中長期で関わり続けることができてはじめて成果が上がっていくものだと思います。一度組織の中に入ったら、細く長く付き合っていける仕事ですし、それが複数社になれば収入的にも安定しやすい仕事だと僕自身の経験からも感じています。

なので、目の前の売上に焦ることなく自分の感性を信じてコツコツと種をまき続けていきましょう。自分のことを知ってくれている人を増やしながらギブし続けていれば、いずれ自分の好きな人や組織から声がかかり、未来が拓けていくはずです。

ナンバー2という個性がもっと必要とされ、それが一般的にも認知される世の中になりますように。共に「支える」価値を発揮していきましょう！

ナンバー2のように「支える」個性を持つ人は、まずは複業から外の世界と触れてみることをおすすめします。複業を通じてお金では買えない体験価値を得られるのに加えて、自身のできることを相手に知ってもらえる機会にもなる。そこから自分の気持ちに素直に、支援したい人のために動き続けることが種蒔きとなって、徐々に必要としてくれる人から声がかかり未来が拓けていくでしょう。

おわりに

■何者かであることを要求される息苦しさ

よさこいチームのリーダーをやっていました！

野球部の部長をしていました！

大学祭実行委員会の委員長でした！

新卒採用の面接をしていると、自己PRでは何かしらの肩書きをアピールしろと誰かに指導されてきているのかと違和感を覚えます。同時に、キャリア相談に乗ると「自分はこれまで部長とかやったことがなくて……」と逆に肩書きがないことに悩む学生さんともよく出会います。

面接する側の立場としてははっきり言えることとして、別に肩書きがあるから受かるわけではありません。

実際に面接の場面で質問するのは「なぜリーダーになったのか」や「リーダーになって何を成したのか」といった動機や成果。それをちゃんと答えられない人にもたくさん出会います。

何かのリーダーになったことがなくても、一メンバーとして周囲の仲間を支えた経験やアルバイトでお客様のためを思って工夫したといったエピソードのほうが、よっぽどその人の個性が伝わりますし、価値があると思います。リーダーという肩書き自体に個性が表れるわけではないので、それだけでは判断材料にならないということです。

でもこれって学生だけじゃなく、社会人の世界でもありますよね。SNSのプロフィール欄に肩書きや収入などを列挙する人、起業や複業している人がすごいかのような風潮、「好きなことで生きていく」のが正義だと発信するインフルエンサー。まるで全ての人が「何者」かにならなければならないかのような息苦しさを感じます。

僕自身、複業を始めた当初は周囲に誰もやっている人がおらず「奇異の目」で見られ、コロナ禍で複業の需要が高まると今度は「すごい人」として過度に持ち上げられた経験をしました。正直、起業も複業もやろうと思えば紙一枚で誰でも始めることはできるのに。

僕の場合は複業家になることが目的ではなく、自分の今後のキャリアを考え、自分の個性を活かせる働き方を考えた時に、複業というスタイルがマッチしていると感じたので手段として選択したに過ぎません。自分の個性、それは「自分が主役になるのではなく、主役を支える方が好きだし得意」というものです。

ですが、複業をしながら地域と組織を越境する生活をしていく中で、ＳＮＳなど表に出ている自分を見て下さった様々な方々から「彰悟さんは早く独立した方がいいよ」「もっとバリバリ動いて発信した方がいいのに」といったアドバイスを頂きました。

気にかけて下さってありがたいなぁと感謝しつつも、その度に僕の心の中に浮かんだモヤモヤの正体がまさにこの本のタイトルでもあるこの言葉です。

「ナンバー2じゃダメですか？」

■ナンバー2は最速で成長できるポジション

僕は学生時代から何かと二番手の立場にいることが多い人生でした。

部活の副部長、生徒会の書記・副委員長、何かしらのプロジェクトでのサブリーダーなど。社会に出てからも、社長直下でのマーケティング責任者・人事責任者など、トップの横にいることで自分のキャリアを築いてきました。自分が他人の役に立っていると実感できるのが、二番手ポジションだったのです。

当時の自分は、それが自分らしさで、自分の個性を活かすためにその立ち位置にいると思っていたのですが、最近になって気づいたことがあります。

それは、今の自分があるのはナンバー2のポジションに長く居続けたからなんだということです。

ナンバー2には上からも下からも日々次から次へと面倒くさいことが降りかかってきます。

トップの心変わりに対応し、トップの思いつきを形にし、トップの仕事を奪い楽にすること。メンバーにトップの考えを翻訳して伝え、メンバーを導き、メンバーの成長を促すこと。次々と降りかかる、やったことのない挑戦や体験したことのない困難に対応し続けなくてはなりません。

とにかく大変なことが多いナンバー2ポジション。僕自身も何度も投げ出したくなりました。でも、自分のキャリアを立てるために何とかくらいついてきました。すると数年後、気づけばそこにはしっかりと成長した自分がいたのです。

人が成長するために最も大切な要素は、自身で体験した失敗・成功体験です。誰かから聞いた、ネットで見た、本で読んだだけではなかなか現実の自分の人生に活かして成長に繋げることは難しいでしょう。

その点、二番手ポジションは嫌でも自然と新しい挑戦や面倒くさいことの対応にあたる回数が多くなり、その組織の中で「誰よりも打席に立つ回数が多い」立ち位置です。その分、成功や失敗体験を積める機会が多くなり、驚くほどの速さで成長できます。

もし今自分が二番手や誰かのサポートのポジションをしている人がいたら自信を持って下さい。その立ち位置は組織内で最も早く成長できるポジションですよ。

■何者じゃなくても生きていける世界へ

好きなことで生きていくのがカッコいい。

世に溢れるそんなメッセージを真に受けてか、就職しないという「新卒起業」を目指す人と出会いました。

自分の人生なのでどう生きるかは自由です。でも、僕が出会った新卒起業した人のその後はと言うと、ほぼ全員が三年以内に起業を辞め、組織に入り直していました。自身の力不足と現実を知ったそうです。これは彼らが決して悪いわけではありません。そもそも起業をして会社を存続させていくことは、十年後に残っている会社が約一割というくらいとても大変なことだから。

一人一人個性があるように、働き方のスタイルも個性や価値観によって様々なはず。そう考えると、みんなが起業やインフルエンサーを目指すような「何者」かにならなければならないなんてことは決してないと僕は思います。

ただ、今の時代はSNSなどを中心に「起業（複業）しろ」「好きなことで生きていく」「ナンバーワン・オンリーワンを目指せ」といった何者かであれという情報が溢れ、それが標準であるかのような圧力となり、そのために本来そんな生き方が向いていない人まで起業を目指したり、周りの人から承認（いいね！）をもらうことが目的になったり、生きづらさを感じる社会になっている気がします。

僕自身も自分の人生や働き方の将来を考えた時、終身雇用制度への疑問やローカルで年収を上げていく難易度の高さから、何者かを目指さなくては生きていけないのではとSNSを始めた経緯があります。

しかし初めて数カ月で、毎日それっぽい知識や経験を投稿し、反応がもらえるかどうかをソワソワしながら見ている自分がふと虚しくなりました。

自分は何のために、誰のために生きているんだろう。そこから自分を見つめ直し、まず自分がやりたいことをやってみよう、と複業をスタート。複業とは言っても無償で就活生の支援を始めただけでした。

でもそれは自分がずっとモヤモヤしていた新卒一括採用やローカル学生の就職選択肢の少なさといった課題意識に対して、自分の経験からできることはないかとお金どうこうは関係なく、素直な気持ちでやってみたかったのです。

そうして就活生達と真っ直ぐ向き合って支援活動を続けていたら、二年目に新聞に掲載され、それをきっかけとして地方自治体とのご縁ができ、スタートアップ企業からの人事顧問依頼という機会にも恵まれました。

僕自身が主役ではなく、夢を持つ人やチームのありたい姿を叶える支援をすること。それが僕の個性が活きる働き方だと気づいたのです。そして、複業期間を経て独立し、北海道から全国へと越境して様々な企業・自治体の組織創りを伴走する「株式会社かたわら」を立ち上げるに至りました。ナンバー2というポジション自体を商品とすることが成立したのです。

仕事で全国を巡っていると起業家も中小企業も自治体も「支える人・調整できる人」を欲しています。派手に表に出て活躍するのではなく、地道にコツコツ組織を支える黒子タイプの人でも欲してくれている組織と出会うことさえできれば生きていけるはずです。

そんな何者じゃなくても一人一人が自分の個性を発揮して働き、生きていける世界がローカルで叶うように僕自身も一つのロールモデルケースとして発信を続けていきたいと思います。

最後に、声高に伝えさせてください。

ナンバー2でいいんです！

PROFILE

佐藤彰悟

株式会社かたわら代表取締役社長。IT・ブライダルなど異業種にて人事を中心に約20年間のゼネラリスト経験を経て独立。複数の企業・自治体の人事顧問を掛け持つ「越境するNO.2」として、北海道から全国を行き来しながら組織・世代・地域を越境する働き方を発信。

ローカル×マーケティング×人事の独自ノウハウと様々な人との出会いを通じて得た体験価値を活かし、組織課題に合わせたオーダーメイドの施策で組織創りや人材育成を支援。一般財団法人えぞ財団事務局長として地域コミュニティの運営にも取り組む。

X @sho_trip

No.2じゃダメですか？

支える個性の活かし方

発行……………… 2024年1月29日

著者……………… 佐藤彰悟

発行元 …………… 合同会社逆旅出版

〒107-0062

東京都港区南青山2-2-15WIN青山531

050-3488-7994

info@gekiryo-pub.com

https://www.gekiryo-pub.com

イラスト…………… せきやよい

装丁・DTP組版…… 和田悠里

編集……………… 中馬さりの

印刷・製本 ……… 株式会社シナノ

ISBN978-4-9912620-3-6 C0034 ¥1700E

Printed in Japan

No.2 way of life.

How to utilize the power of support.